FIGURE SKATING

アイスショーの世界 **7**
氷上のアート＆エンターテインメント

Contents

アイスショーの世界7
氷上のアート＆エンターテインメント

目次写真、扉写真：浅田真央（浅田真央サンクスツアー）© Kiyoshi Sakamoto
表紙：浅田真央（浅田真央サンクスツアー）© Kiyoshi Sakamoto
裏表紙：田中刑事（プリンスアイスワールド横浜公演）© Shintaro Iba

INTERVIEW

浅田真央

Mao Asada

スケートを心から 愛せるようになりました

3年間にわたる「浅田真央サンクスツアー」を締めくくった浅田真央。
全国に感謝を届けた旅路、そして自身の変化について語ってくれました。

私にとって宝物の3年間でした

—— いよいよ「浅田真央サンクスツアー」がフィナーレを迎えます。いまお話を伺っているのは最終横浜公演のひとつ前、サンクスツアーのホームである上尾公演の最中なのですが、サンクスツアーが終わってしまうという実感は迫ってきていますか。

浅田 そうですね、だんだんさみしさがこみ上げてきています。今日の公演でも、最後のところで感動してしまって、涙が出てきちゃいました。

—— 最近はとくに、涙もろくなっていらっしゃる？

浅田 そうなんですよね。いまの公演でも、「あと4公演なんだ、あと1ヵ所なんだ」と思ったら、なんかさみしくなっちゃって。よく涙ぐんでいます。（笑）

—— メンバーのみなさんの滑りを見ていて、感動するということもありますか。

浅田 これまでも泣いてしまうときがありました。以前、「蝶々夫人」を滑るときに、最初エルニ（エルネスト・マルティネス）がすごく元気いっぱいに滑っていて、でもピンカートンはもうちょっと大人の役、戦争に行くような、昔の時代の人物ですよね。それで、「もっと大人の雰囲気で、私を守るような気持ちで滑って」とアドバイスしたら、次の公演のときに一生懸命そういうふうに演じているのを見て、成長を感じてうるっと来てしまって……そういうことがいろいろありましたね。

—— 演目の面でも、メンバーの滑りという面でも、いつも変化し成長するようなアイスショーでした。

浅田 最初から比べたら、もちろん私もそうですし、メンバーはみんな成長したなと思います。私がいちばん最初に思っていたことは、このサンクスツアーで全国に感謝の気持ちを届けたいということで、その気持ちをもって全国を回ってき

たんですけれども、メンバーのみんなに対しては、終わった後に「参加してよかったな」と思ってほしいと思ってきました。サンクスツアーに参加したあとで、やめればよかったとか、無理してやっていたという気持ちには絶対なってほしくなくて、人生において片隅にでも忘れないでいてもらえたらいいなと思って続けていました。

―― 日本全国、津々浦々にスケートの種をまくような旅でもありましたね。

浅田　私も子どものとき伊藤みどりさんのアイスショーを見て、「ああ私もいつかこんなキラキラしたアイスショーで滑りたい」と思ったんです。今回のサンクスツアーも、客席に子どもたちが多かったので、私が滑っている姿を見て、子どもたちにも夢をもってもらえたらなというふうに思っていました。サンクスツアーは、いままで見に来てくださったようなお客さまの層ともまた違って、すごくうれしかったんです。フィギュアスケートはどちらかというと女性のお客さまが多いので、ご年配の方とか、男性の方とかが客席にいらっしゃる景色ってあまり見ないんですが、サンクスツアーではいろいろな方が見に来てくださって、本当にうれしい気持ちでした。

―― 当初の予定よりもツアーが延長されましたし、その間にコロナ禍もあり、どこまで行けるかなという3年間の旅路でもあったと思います。

浅田　本当にその通りで、始めた当初はいつ、どこまで続くかわからないという感じでした。それでもずっと進んできて

いて、こうして終わりのときに入って、改めてひと言では言い表せないような気持ちが湧き上がってきます。私にとって人生でいちばん充実していましたし、いちばん幸せな時間だったかもしれないです。最初は10か所の予定で、でもそのあと追加、追加と公演が増えていって、引退してこれだけ多くの方が来てくださり、素晴らしいリンクで滑れるということは、これほど幸せなことはないなと思います。なので、本当にこのサンクスツアーを作ってよかったですし、最高のメンバーと出会えたこともよかった。素晴らしいスタッフのみなさんのサポートがあって、そしてお客さまが見に来てくださってこそ、続けてこられたアイスショーなので、私にとって宝物の3年間でした。

あの景色が忘れられない

―― 現役から引退し、アイスショーで滑るプロのスケーターとなったことで、スケーターとしての在り方が変わった部分はありましたか。

浅田　試合は試合で素晴らしいものがあって、アイスショーはアイスショーで素晴らしいところがある。その2つって、一緒なんじゃないかなと思います。私の心構えも選手のときと変わらないですね。つねに全身全霊、全力で滑ること、そういう自分のスケートに対する姿勢は選手のときと変わってないです。ただ、選手のときは自分の求める目標があって、それに向かっていく、立ち向かっていくという感じがあったんですけど、いまはもち

ろん自分も楽しんでいますけれども、お客さまがみなさん来てよかったなと思ってもらえるように、全力で楽しんでもらえるように滑るので、そこはちょっと違うかなと思います。

―― サンクスツアーを通じて得られたことはどんなことですか。

浅田 スケートを心から愛せるようになりました。それは、プレッシャーとか恐怖とか、そういうものがなくなったせいですね。角がとれて、心からスケートを楽しんで、何も心配をせず……もちろん、公演自体は、私がちゃんとできなかったらどうしようという不安はありましたけど、でもそれよりもお客さまが楽しみにしてくださって、長い間ずっと待ってくださって、遠いところからも来てくださってということを考えると、自分が楽しまないとお客さまにも楽しんでもらえないという気持ちが大きくなりました。そういう気持ちはすごく変化しましたね。スケートも成長したと思うんですけど、誰かとともに滑ったり、たくさんの人とひとつのものを作り上げたりという経験をしたことで、人間的にも成長できたのかなと思います。

―― サンクスツアーを見た観客に覚えておいてもらいたいこと、真央さん自身が覚えていたいことはなんですか。

浅田 やっぱり、みなさんの笑顔だったり、拍手だったり、あの景色……最後にスタンディングをしてくださって、最後の最後まで手を振ってくださる景色は忘れられないです。お客さまにも、私たちの全力の滑りを忘れないでいただけたら

なと思います。

―― 今後はリンクで滑る機会は少し減るのかなと思うのですが、スケートとのかかわりやバランスはどんな感じになりそうですか。

浅田 そうですね、少しは自分の時間を作りたいなと思っています。自分の時間を過ごしつつ、撮影だとかそういうお仕事はしていくんですけど、自分の気持ちと相談しながら、自分が滑りたいと思ったらまた滑ると思います。そのへんは私もわがままではあるんですけど、心から「よっしゃ！ 滑ろう！」と思うまでは（笑）、無理して滑る必要もないのかなと考えています。

―― ご自身のスケートリンクを作るという夢については。

浅田 スケートリンクを作りたいというのは頭のなかでずっとあったことなので、どんな形であっても、フィギュアスケートにこれからも少しでも恩返しができたらいいなと思います。リンクのことはいろいろ考えてはいるんですけれども、実現に向けてはこれからですね。

これからも前を向いて

―― コロナ禍が長引いていて、たくさんの人が影響を受けている状況ですが、真央さんから伝えたいことはどんなことですか。

浅田 やっぱり、いつかは必ず終わりってあって、コロナもきっといつかは落ち着いて、元のような生活が送れるようになると思います。たぶん私が想像してい

る以上に大変な思いをされている方、辛い思いをされている方、苦しんでいる方が本当にたくさんいらっしゃると思うんですけど、私がいまできることはこのサンクスツアーで元気を届けることでしたし、これからも、みなさんとともに前を向いて進んでいくことだと思うので、「一緒にがんばりましょう」ということだけですね。きっといつか、この日々にも終わりが来るので。

―― 現役の選手たちにとっても大変なシーズンでした。

浅田 テレビ放送で試合も見ていました。選手のみなさんも本当に大変なシーズンで、いつ試合があるかわからない状況でしたし、練習もできない期間があって、すごく不安が大きかったと思います。うまくリズムが取れない状況のなかで、みんながすごくがんばっていることが伝わってきました。選手のときって、大変なことが多いんですけれども、本当によくがんばっているなと思っています。テレビを通してですが、みんなが全力で試合に向かっていく気迫や表情を見ていると、私自身もすごくパワーをもらいましたし、「みんながんばって！」と応援しています。

―― 最後に、「浅田真央サンクスツアー」をひと言で言い表すと、どんな場だったと思いますか。

浅田 やっぱり「愛」かなと思います。愛にあふれた空間でした。ずっと一緒に歩んできてくださったみなさんに、「ありがとうございました」という思いがいちばん大きいです。

取材・文：編集部 Text by World Figure Skating

浅田真央　Photos © Yazuka Wada

浅田真央　カーテンコールにて

浅田真央サンクスツアーが4月26、27の横浜公演で
いよいよフィナーレを迎えた。
3年間、全国に感謝を届けた旅路を終え、
万感の想いを胸に、浅田真央とメンバーたちが
ラストステージをあふれる愛で彩った。

サンクスツアーで出会った
すべてのみなさんに感謝。

浅田 真央

横浜アリーナに集った観客の拍手に包まれて、千秋楽を迎えた浅田真央サンクスツアー　Photos © Kiyoshi Sakamoto

「愛は翼に乗って」浅田真央　© Kiyoshi Sakamoto

「踊るリッツの夜」から「素敵なあなた」へ　浅田真央、無良崇人、川原星、橋本誠也、エルネスト・マルティネス

　「リチュアル・ダンス」浅田真央　Photos © Kiyoshi Sakamoto

愛は翼に乗って 浅田真央サンクスツアーの3年間

　あふれる光の花束のなかで、晴れ晴れとした笑顔と、ちょっぴりの涙。浅田真央サンクスツアー」が4月26、27日、3年という長い旅を終えて、横浜アリーナで千秋楽を迎えた。浅田真央、無良崇人をはじめ、10人のメンバーによる最後の贈り物だ。

　冒頭、黒いマントを脱ぎ捨て、金色のドレスで舞う「Smile」、シルクハットで小粋に魅せる「踊るリッツの夜」から4人の男性との駆け引きが楽しい「素敵なあなた」への心躍る早替え。最高峰のスケーティングを典雅な「無伴奏チェロ組曲」にのせて心ゆくまで味わわせる名作「チェロ・スイート」。切々とした想いを託した「蝶々夫人」。黒から赤へ、ドラマティックな変化を遂げる「リチュアル・ダンス」。そして浅田真央を象徴するプログラムである「ラフマニノフ ピアノ協奏曲第2番」の、すべてをリンクに差し出す気迫に満ちた滑り……。初演以来変わらないナンバーだが、そこには3年間でメンバーたちとともに新しく作り上げてきたシーンがちりばめられ、真央もいっそうの輝きを放っていた。

　たとえば、最初のころは真央が1人で踊っていた「踊るリッツの夜」は、橋本誠也とのいきいきとした掛け合いが魅力的なデュオに。「素敵なあなた」では真央がエルニをリフトする場面で会場が盛り上がる。女性メンバーたちが心を寄せ合って舞う「月の光」や「ジュ

ピター」は、演出がさらに洗練され、観客を陶酔させる名ナンバーに進化した。途中加入の今井遥がしっとりと滑る「So Deep Is the Night」、浅田舞から受け継いで林渚がメインで滑った「ポル・ウナ・カベサ」、バージョンアップしたゴージャスな衣装でも惹きつける「仮面舞踏会」や「リチュアル・ダンス」。無良崇人が完全に自分のものとした「鐘」のパワフルな演技はツアーの白眉のひとつに。男性メンバーがバトンをつないでラストの真央につなぐ「ラフマニノフ」は、もともとの振付に彼ら自身の得意なムーブメントを追加し、個性がさらに強まった。こうした進化やアレンジだけでなく、スケーター同士がすれ違う距離感や交わされる視線、アドリブでやりとりするコミカルなシーンなど、メンバー同士が信頼し合っていなければ出てこない絶妙な呼吸、ちょっとした余裕にこそ、アイスショーの完成度と一体感が宿っている。

　全国に感謝を届けるアイスショーとして「浅田真央サンクスツアー」がスタートしたのは2018年5月、新潟。毎回ブラッシュアップしながら公演を重ね、新たなアイディアを盛り込みながら育ててきた。そのあり方は、日本のアイスショーにこれまでなかったものだ。運営の面でも、全国各地の既存リンクを会場とし、ときにはショーとしては異例の1000席程度と少ない観客数でも

行われたツアーは、チケットの価格を抑えて地元優先で販売し、熱心なファンにとどまらず広くアイスショーへのアクセスを拡大。当初決まっていた10カ所から延長し、結果として、全国で延べ50都市202公演にわたる公演規模へと結びついた。このショーで初めて直接フィギュアスケートを見る体験をした観客は数知れない。それはサンクスツアーのコンセプトだからこそできた、大きな功績だろう。

　最後の曲「愛は翼に乗って」を終えた千秋楽のフィナーレには、メンバーから真央へのビデオメッセージが流れた。「これからも真央ちゃんらしく」、「一生忘れられない思い出になりました」、「何年か後にサンクス同窓会を開いてください！」……メンバーからの感謝の言葉に、瞳を潤ませる真央。最後にマイクを握って、「このサンクスツアーからはたくさんの愛をいただきました。今日は泣かないと決めています……けど泣きそう！ ごめんなさい」と涙ぐみ、観客からの拍手に励まされながら、「サンクスツアーは今日で終わりを迎えましたが、私たちはまた新たなスタートだと思っています。本当に、しあわせで、最高な時間でした。改めまして、本当にありがとうございました」と、彼女らしい感謝の言葉で3年間の旅路を締めくくった。

取材・文＝編集部 Text by World Figure Skating

「ラフマニノフ ピアノ協奏曲第2番」浅田真央、無良崇人　Photos © Kiyoshi Sakamoto

「Smile」浅田真央　Photos © Kiyoshi Sakamoto

「鐘」無良崇人

「タンゴ」今井遥

● 住友生命 Vitality

「蝶々夫人」浅田真央、エルネスト・マルティネス　「月の光」今井遥、林香、カンスフ・マラル、エレナシ、山本まり、河内里紗

「ボル・ウナ・カベサ」林渚

「チェロ・スイート」浅田真央

「ノクターン」川原星

カーテンコールにて

LUXE

「LUXE」滑りに、歌に、パフォーマーとしての
真髄を見せた髙橋大輔 ©Shoko Matsuhashi

いま、輝くとき

髙橋大輔が率いる「LUXE」が開催
洒脱に魅せる大人のアイスショーで
氷上をクールに、熱く盛り上げた！

〈Miroir -鏡-〉ナルシスが湖面に自らの
姿を映すと、水底にもう1人の自分が
──髙橋大輔、田中刑事のデュエット
©Shoko Matsuhashi

髙橋大輔

柚希礼音

村元哉中

鈴木明子

髙橋大輔を中心に、レビュースタイルで繰り広げるショー「LUXE」が5月15～17日、横浜アリーナで開催された。「氷艶2019」のキャスト、スタッフが集結して、豪華に織りなすアイスショーだ。テーマは「世界巡り」。真の自分を探し求める王子（髙橋）が、世界のさまざまな場所を旅しながら、出会いを重ねていく。監修・演出は「氷艶」から続投の尾上菊之丞、構成・脚本・演出は宝塚歌劇団の原田諒。空間演出はチームラボが担当、プロジェクションマッピングで煌びやかな空間を作り出した。

インドの王侯風の宮殿から旅立つ場面に始まり、アジアを思わせる衣での剣舞へ。華やかなシーンが続くなか、前半のハイライトは髙橋と田中刑事が踊るデュエットだ。田中が扮する男は、王子と瓜二つの姿をとるもう1人の自分。左右対称の動きを重ねながら、心の裡を探っていく。髙橋のエモーショナルな滑りに呼応しつつ、どこか現実を超越したような田中のクールなスケーティングが青い氷上に映えた。

ショー全体をそのパワフルな歌声でまとめ上げたのが平原綾香。ゴージャスなドレスで天高くフライングしながらの歌唱など、圧倒的なショーマンシップを見せた。第1部のラストは平原によるシャンソンメドレーにのせた宝石たちのレビュー。鈴木明子、村上佳菜子と織田信成が舞い、王子を追いかける狂言回し役を担った福士誠治（初日は吉川友真）、波岡一喜の楽しい歌では、荒川静香が滑った。

そして、オニキスのようにきらめくクラシカルな黒の衣装で登場したのが村元哉

中と髙橋だ。現役のアイスダンス選手と
して練習を積む2人が、ますます洗練さ
れた魅惑のダンスを披露した。第1部は、
平原が作詞作曲した主題歌「LUXE -リュ
クス-」にのせて、全員の群舞で幕を閉じた。

　第2部でまず主役となったのは、リンク
の中央にセットされた円形のステージに、
黒燕尾服をまとって颯爽と現れた柚希礼
音だ。宝塚歌劇団星組のトップスターだっ
たころを彷彿とさせる、切れ味がよくスタ
イリッシュなダンスと歌声で、男性群舞を
従えて心浮き立つジャズシーンを作り出
す。続いて、純白のドレスで鈴木が登場。
柚希とのボールルームダンスを見せた。

　場面がスペインの場面に切り替わると、
マタドールに扮した髙橋が登場し、伊達
男ぶりで魅せる。ワールドワイドな空気を
楽しむとともに、髙橋のさまざまな表情を
堪能できたことはファンにはうれしい贈り
物だったに違いない。

　村上、織田が演じたカリブの場面に続
き、氷上はいよいよ盛り上がっていく。平
原が歌うサンバにのって、金色の羽根を
背負った荒川をはじめ、カラフルなダン
サーたちが踊りまくるカーニバルのスター
トだ。柚希、福士の歌声も華を添え、最
高潮に熱く燃えるレビューシーンとなった。

　掉尾を飾ったのは、フェニックスを表す
金色の光に包まれた髙橋のソロパフォー
マンスと、伸び伸びとした歌声だ。あらゆ
る表現手法でいっそうスケールアップす
る姿は、表現者としての輝かしい未来を
も予感させて感動的。彼が率いるこのカ
ンパニーの今後の展開にも期待したい。

取材・文：編集部　Text by World Figure Skating

〈Carnaval -祝祭-〉氷上で絢爛豪華に繰り広げられたカーニバル
Photos ©Shoko Matsuhashi

〈Luxe -リュクス-〉優しい歌声で会場を包み込んだ髙橋大輔
©Shoko Matsuhashi

〈Carnaval -祝祭-〉サンバのコスチュームで
華麗に踊る荒川静香 ©Shoko Matsuhashi

エアリアルで、氷上で、その歌声を響かせた平原綾香。カーニバルのドレスで ©Shoko Matsuhashi

摩天楼のもと踊る柚希礼音と鈴木明子 ©Shoko Matsuhashi

達者な芝居と歌で盛り上げた福士誠治
©LUXE

久しぶりにシングルのスケーティングでも魅せた髙橋大輔
©Shoko Matsuhashi

織田信成

村上佳菜子

荒川静香＆吉野晃平　Photos ©Shoko Matsuhashi

西岡徳馬

（左から）鈴木明子、荒川静香、村元哉中

アンサンブルによるダンスシーン

公演を終え、笑顔の髙橋大輔

髙橋大輔 & 村元哉中

スケートの可能性が見えたショー

髙橋大輔は1986年3月16日生まれ。男子シングル選手としてオリンピック3大会連続出場。2010年バンクーバー五輪銅メダル、同年世界選手権優勝。2014年に引退したが、2018年競技復帰し、同年全日本選手権準優勝。**村元哉中**は1993年3月3日生まれ。女子シングルを経て、2014年アイスダンスに転向。2018年四大陸選手権銅メダル、同年平昌五輪出場。髙橋と村元は2020年にアイスダンスのパートナーを組み、同年NHK杯3位、全日本選手権準優勝。ともに関西大学KFSC所属。

村元哉中&髙橋大輔のアイスダンス ©Shoko Matsuhashi

「LUXE」に主演し、滑りに、演技に、歌にと大きな存在感を発揮した髙橋大輔と、その髙橋と流麗なダンスナンバーも披露したパートナーの村元哉中。アイスダンスチームとして高め合う2人に、新たな試みを振り返ってもらいました。

―― 今回の「LUXE」はコロナ禍のなかの開催でしたが、無事に終えられて、いまどんなふうに感じていますか。
髙橋　やはりこの状況下でショーを作り上げるのは、ものすごく大変でした。ただ、「LUXE」は形式として従来のアイスショーに近い形でしたが、スケートというのはこんなにいろいろなことができるという可能性が見えたショーになりました。今回、自分の演目として7、8分くらいの長さの

ものを滑ったこともそうですし、プロジェクションマッピングなど映像と融合させる演出によってより素敵なプログラムにすることができ、さらに音楽と映像の融合であったり、ショー全体の大きな流れのなかでプログラムにそれぞれ別の小さなストーリーを組み込んでいったりと、いろいろな発見がありました。前回の「氷艶―月光かりの如く―」は『源氏物語』のストーリーを描いたものでしたけれど、今回はレビュー形式で、いろいろな組み合わせによってまた違ったかたちのものが生まれていき、想像力がふくらむようなショーになったと思います。
―― いい意味でのファミリー感があり充実したショーになりましたが、共演者については?

髙橋　メインキャストは前回の「氷艶」メンバーと一緒にやることができて、本当に楽しかったですし、絶対に素敵なものができるという安心感がありました。平原綾香さんの歌はあらためて素晴らしいと感じましたし、彼女の歌を聴きながら、自分まで観客になったかのように気持ちよく滑れました。福士誠治さん、波岡一喜さんのコンビの阿吽の呼吸や、アドリブを言ったりする瞬発力、場を回す空気感の作り方などはやはりプロの俳優さんだと思いましたし、とてもああいうふうはなれないけれど勉強になります。とくに福士さんには、もう前回のときから本当にお兄ちゃんのようにいろいろとお世話になっているんですが、これからも一緒にお仕事をして指導していただきたいです。

　今回、残念ながら直接からむ場面はなかったんですが、柚希礼音さんのスターのオーラもさすがでした。多忙なスケジュールで調整が難しい中、本番では何事もなかったかのようなパフォーマンスをされていて、ぼく自身もああいうふうになりたいとあらためてあこがれます。エンターテインメントってこんなにも素敵なものなんだな、自分も負けないようにがんばろうと思いました。
―― 髙橋さんご自身は、今回どんな点がチャレンジでしたか。
髙橋　今回は滑る量が結構多かった。歌も前回のように台詞の流れで歌うのでなく、ちゃんと歌として歌わないといけなかったので、ものすごく練習しました。(笑)
―― 村元さんは髙橋さんと一緒に滑る場面もありましたが、"座長"の活躍をどんなふうにご覧になっていましたか。
村元　久しぶりにソロで滑っている姿を見て感動していました。1つ1つのシーンでも目つきからして変わるんです。その切り替えがすごい。大ちゃんの表現力

の素晴らしさや、やはりスケーターとして唯一無二の存在だということを間近で見ていて感じていました。

―― アイスダンスに取り組むことで、髙橋さんのスケーティングもさらに進化したのではないかと思いますが。

髙橋 自分ではそれほど感じてはいないけど……。

村元 でも、大ちゃんが1人で滑っているのを見ていて、それは思いました。チョクトー、ロッカー、モホークとか、どれだけ自然に綺麗にターンするかをすごく意識して滑っていたから。

髙橋 それはそうかもしれない。

―― あらためて、「LUXE」を経て、今後どういうショーを作ったり、スケーターとしてどうなっていきたいですか。

髙橋 「氷艶」は大がかりなショーなので基本的に2年に1回なんですけれど、もっとカジュアルなものも合めて、いろんなかたちのアイスショーをもっと開催していければいいなと思います。やればやるほど、もっとやりたいという気持ちが強くなってきている。もちろん、ある程度年齢を重ねても表現できる場がないとできないことですが、こうやって1つのショーを作り上げた出演者たちが次につなげていくことが必要なんじゃないかと思います。フィギュアスケートにおけるエンターテインメントというものの未来を考えながら、ぼくたちが動いていかないといけない。ぼく1人の力でなく、いろんな人の力が必要なんですが、そういうつながりもでき

マタドール姿で凛々しく決めた髙橋大輔　Photos ⓒShoko Matsuhashi

てきているので、それを大切に自分の新しい世界を開いていくべきかなと考えています。

―― ここからまた競技に戻っていくわけですが、来シーズンはどんな自分たちでありたいですか。

髙橋 今回、「LUXE」でも2人で組んで人前で滑ることができて、そのなかで感じられたことが結構あったんです。そこで得たものをこれからの練習につなげていきたいですね。その点でもこの「LUXE」をやってよかった。もちろん焦ったり、大変なことばかりだと思うんですが、その場を楽しむことを忘れないようにしていけば、競技者としてもいい方向に行けるんじゃないかなと思います。

村元 大ちゃんの言うとおり、「LUXE」で一緒に滑っていて、試合ではまだ感じら

れていなかった2人が一緒に自然と演技に入れた瞬間があったんです。これが試合でできたら……というものを感じられたので、それをここから試合に向けて出せるようにしていければ。自分たちの力を信じて、12月の全日本に向かっていきたいと思っています。大変だけれど、楽しみです。

髙橋 ぼくたちにとってはとりあえず全日本が一番のビッグイベントで、オリンピックに行くためにはそこで優勝するしかない。焦らずプレッシャーを楽しみながらやっていけば、つながっていくと思っています。

―― 競技者としてもさらにパワーアップしたお2人の演技を楽しみにしています。

村元・髙橋 がんばります‼

取材・文／編集部　Text by World Figure Skating

村元哉中

STARS ON ICE

心躍るワンダーランド

スターズ・オン・アイス ジャパンツアー2021が4月、横浜と八戸で開催され、
羽生結弦を中心に日本のトップスケーターたちが氷上で躍動した。

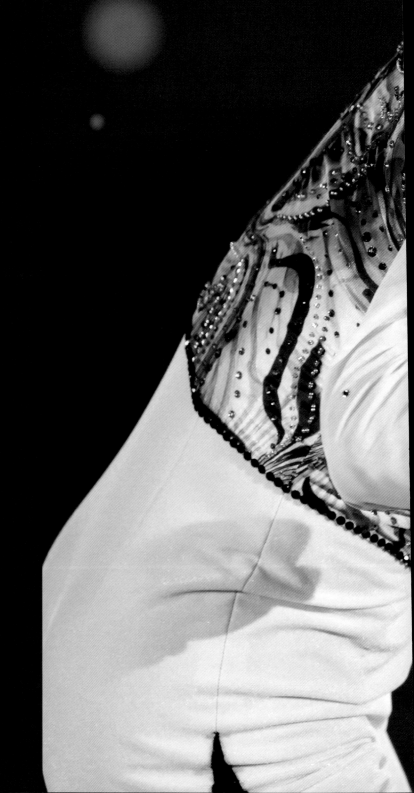

7年ぶりの出演となったスターズ・オン・アイスで
「Let's Go Crazy」を披露した羽生結弦（八戸）
© Kiyoshi Sakamoto

左右頁とも：オープニングから熱狂の渦に巻き込んだ羽生結弦（八戸）©Kiyoshi Sakamoto

フィナーレにて（八戸）©Kiyoshi Sakamoto

　閃光が走るとともに、幕が上がり、ひとつの鮮烈なシルエットが現れる。コロナ禍で多くのアイスショーが中止された2020年を乗り越え、実施に漕ぎつけた「スターズ・オン・アイス ジャパンツアー2021」。困難のなかでもフィギュアスケートシーンは健在であること、滑る喜び、その姿をじかに目撃する喜びは不変であること。それを象徴する存在として、これほどの最適任はいない。羽生結弦の登場だ。

　北米で長い歴史を誇る「スターズ・オン・アイス（SOI）」は、オリンピックや世界選手権でメダルを獲得したトップスケーターをずらりと揃え、個々の演技だけでなくセンスあふれるグループナンバーでも強い印象を残す伝統あるアイスショー。今年は海外勢の出演がかなわず、シニアからノービスまで、日本が誇る才能が数多く出演した。メンバーたちにSOIイズムを注入し、クラス感のあるアイスショーへと演出したのは、本家SOIでキャストとして活躍した佐藤有香。羽生結弦が放つスターのオーラとの両輪で、充実したアイスショーを実現した。

　1人だけで登場したオープニングの冒頭から、その場を支配する王者の風格で一気に心躍るエンターテインメントの世界に引き込んだ羽生。4月30日のジャパンツアー最終日、トリを飾った自身のプログラムは、「Let's Go Crazy」。まばゆく光を反射する銀盤に、白い衣装に包まれた姿が映える。高度なジャンプを織り込みつつも、表情はロックスターの面目躍如で、競技プログラムでありながら、ショーナンバーとしても超一級。客席とじかにコミュニケーションし、別世界へと連れていく稀有な存在感を全開にした。

　SOIの名物であるグループナンバーは、女子選手たちが愛らしく踊ったNiziUの「Make you happy」、島田高志郎（横浜公演では宇野昌磨）を中心に、男女のやりとりを軽妙に描いた「Lost in Japan」。いずれも瑞々しい選手たちによく合う振付に、SOIらしい洗練のスパイスを利かせた仕上がりだった。八戸公演では、小松原美里＆小松原尊、三浦璃来＆木原龍一のカップル競技

チームが顔を揃え、ストーリー仕立ての大人のナンバーを披露。

　紀平梨花「Rain」、坂本花織「Lose you to love her」、宮原知子「Lyra Angelica」、三原舞依「Firework」など、ショーでの見せ方を心得た選手たちのナンバーはやはり見ごたえたっぷりだ。佐藤駿は「ロシュフォールの恋人たち」からのナンバーで力強く男性的な面を見せ、山本草太「Anthem」もスケールが大きく魅力的。また、松生理乃「恋は何のために」、中村俊介「eye」らも堂々とした演技で成長ぶりを見せた。

　プロから出演の無良崇人は、「愛せぬならば」で魅せたほか、「ヒゲのテーマ」にのせたコミカルなジャンプ対決でMCを担当。選手たちがテンポよくジャンプに挑戦するも、見事成功したのは最年少12歳の島田麻央くらいという出来で、選手たちは照れ笑い。演出の佐藤有香は「Saint Honesty」を滑り、衰えを知らない精緻なスケーティングを氷上に描いた。

（4月30日、八戸公演）

取材・文：編集部　Text by World Figure Skating

＊SOIは4月22～25日に横浜アリーナ、28～30日にフラット八戸で開催。宇野昌磨、鍵山優真、田中刑事、三浦佳生は横浜公演のみ出演、宮原知子、島田高志郎、三浦璃来＆木原龍一、木下アカデミーのスケーターらは八戸公演のみ出演、樋口新葉と友野一希は八戸公演最終日を除いて出演など、公演日によって異なる出演者や演目で行われた。

紀平梨花、山下真瑚、河辺愛菜、吉田陽菜、松生理乃、横井ゆは菜、島田麻央によるグループナンバー NiziU「Make you happy」（八戸）　Photos ©Kiyoshi Sakamoto

アイスダンス「ブルーブランバー」（Lost in Japan）で登場、宇野昌磨が女性たちをエスコート 新田谷凜と（横浜）写真：森田直樹／アフロスポーツ

ジャンプ対決では「ヒゲのテーマ」に乗って、島田麻央、佐藤駿、吉田陽菜、友野一希らが躍動　Photos ©Kiyoshi Sakamoto

グループナンバー「Lost in Japan」で。樋口新葉、鈴原知子、新田谷澪、坂本花織、三原舞依に囲まれる島田高志郎（八戸）©Kiyoshi Sakamoto

ペアとアイスダンスのグループナンバー「I Wanna Dance with Somebody」。左は小松原美里＆小松原尊、右は三浦璃来＆木原龍一　Photos ©Kiyoshi Sakamoto

日本のフィギュアスケートはさらに進化する
希望を感じたスターズ・オン・アイス

羽生選手の登場イメージが浮かんだ

—— 今回、佐藤有香さんは「スターズ・オン・アイス」(SOI)のショーディレクターとして演出を手がけられました。

佐藤 これほどの大きなアイスショーを全体的にまとめるという役割は初めての経験でしたので、楽しくもあり、緊張もしました。こういったご時世でしたので、プロデューサーの方たちも含め、誰もが最後の最後までどうなるのかわからない状況の中大変でしたが、とにかくこのショーが実現できるようにとみんなが試行錯誤し、最後は祈るような気持ちで公演を迎えました。

—— 今回は出演者が全員日本人スケーターとなりましたが、そのなかでどういった点を重視して作り上げていったのでしょうか。

佐藤 SOIは、私がずっとアメリカでキャストメンバーとして滑っていたショーです。私のプロフェッショナルとしてのキャリアはここで成り立っていますし、いちばん親近感を抱いているショーです。ですから、出演者としての感覚をそのまま作るほうへ移してい

き、SOI特有のカラーを出せるように心がけました。今回意識したのはやはり羽生結弦選手が出演するということで、彼がどんなスケーターであり、どんなアーティストであるかということでした。彼をどうハイライトとしてショーを作り上げていくかが、演出のコンセプトの中心になりました。

—— 羽生選手が冒頭からひとりで登場したオープニングは衝撃的でした。

佐藤 私の頭の中では、羽生結弦イコール、日本フィギュアスケート界のロックスターというイメージなので、やはり今回のヘッドライナーとして、彼にいちばん最初に出てきてもらいたかったんですね。「Blinding Lights」で彼が登場するというイメージがパッと浮かんだので、そこからどう展開させていくか、コスチュームはどうするか……と考えていきました。

—— リハーサルで羽生選手は佐藤さんと積極的にコミュニケーションを取り、それを若いスケーターたちにも伝えていっていたそうですね。

佐藤 私はそれまで羽生くんとは挨拶をする程度しか関わる機会はなかった

のですが、いろいろとサポートしてくれたのですごく助かりました。若い選手たちにとっても、とても貴重なレッスンになったのではないかと思います。ショーに出演するということは、ただ自分が良い演技をするというだけでなく、やはりショー全体に気を配ることが大切で、そういったスケーターの意識によってショーの値打ちが変わってきます。そういうことを教えてくれる、見本となる先輩がいるというのはとても幸せなこと。いますぐにはわからないと思いますが、数年経ったら、彼らにとって今回の経験が活かされるんじゃないでしょうか。また今回は、横浜公演と八戸公演ではキャストが一部変わりましたので、2度にわたるリハーサルを行いました。移動日にもかかわらず、横浜から出演していた三原舞依ちゃんや坂本花織ちゃんといったスケーターが新キャストたちに振りやステップを教えてくれるなど、素晴らしいチームワークでした。

グループナンバーでチャレンジを

—— グループナンバーもとても充実して

いましたが、まず若手の女子スケーターたちによるNiziUの「Make you happy」はとても楽しいナンバーに仕上がっていましたね。

佐藤　今回は若くてリズム感の良い選手たちがメンバーにたくさんいるので、日本で人気のグループのポップな曲を使ったナンバーを作りたかったんです。ああいうふうにみんなが知っている曲を使うというのはすごく勇気がいることでもありましたけれども、スケーターとファンの皆様が一体になって楽しんでもらえていたようなので、良い選択だったかなと思っています。

―― 第2部トップには男性1人を女性たちが取り囲んでのナンバー「Lost in Japan」があり、横浜では宇野昌磨選手が、八戸では島田高志郎選手が出演しました。これはどのようなコンセプトで？

佐藤　以前からショーン・メンデスのアルバムを聴いたり、映像を観たりしていて、頭に少し引っかかっていたんです。彼の作曲はとても好きな歌が多いんですけれども、それだけでなく素敵な容姿をもつかっこいいアーティストなので、そのあたりのイメージから宇野昌磨くんや島田高志郎くんという、日本のフィギュアスケート界のハンサムな男性が女性に囲まれて滑るというイメージが出てきたんです。こちらのナンバーはNiziUよりもう少し大人の雰囲気で、渋谷などネオンがカラフルな夜の街で、「夜を明かそうよ」という感じでシンプルなイメージで作りました。実際にリハーサルに入ってみたら、皆さん恥ずかしそうで、堂々とキャラクターを演じられるようになるまで予想以上の時間がかかりました。

―― 演技面でのチャレンジだったということですね？

佐藤　やはりフィギュアスケートというと、みんなでまとまって何かをするというより、個人という感覚のほうが強いと思うんです。でも、このナンバーに関しては、男女のコネクションやチャーミングでスウィートでありながらセクシーな雰囲気を作り上げたかった。そのためには、スケーター同士が滑りを通じてお互いにコミュニケーションを取ったり、アイコンタクトをしたりすることも必要です。私自身もSOI出演の際、自分がやったことのなかったジャンルや新しいスタイルにチャレンジすることで、パフォー

Yuka Sato
東京都出身。1994年世界選手権優勝。1992年アルベールヴィル五輪7位、1994年リレハンメル五輪5位。プロ転向後、米国に拠点を移し、世界プロ選手権で4回優勝、スターズ・オン・アイスのキャストを務めた。現在、デトロイトを拠点に後進の育成に尽力しながら、プロフィギュアスケーター、コリオグラファーとして活躍している。

佐藤有香「Saint Honesty」(八戸) ©Kiyoshi Sakamoto

マーとして成長できましたので、最初は違和感のあるグループナンバーを達成することで、少しでもスケーターたちの演技の肥やしになればうれしいです。

―― 八戸公演のみでしたが、ペアの三浦璃来選手＆木原龍一選手、アイスダンスの小松原美里選手＆小松原尊選手の2組によるナンバーも、やはり見応えがありました。

佐藤　日本ではカップル競技というのはまだそこまで注目されていませんが、やはりSOIは、シングルだけでなく、グループナンバーやカップル競技を活かしたナンバーがあることがトレードマークですし、今回もせっかく日本のペアとアイスダンスのカップルがいるのだから、彼らがハイライトになる場面を作ることも大切だと考えました。

このナンバーは、素敵なカップルたちに持ち味を生かしてもらいつつ、かつ、第2部中盤でショーの雰囲気を変えて、後半を盛り上げていくきっかけを作れたので、コントラストとしてもよかったかなと思います。曲はホイットニー・ヒューストン「I Wanna Dance with Somebody」のカバーのバラード・バージョン。小松原尊くんがひとり、誰かと踊りたいと夢見ている場面から始まります。そこへ1人ずつ加わり、やがてお互いにカップルを組みダンスをしながら心休まる素敵なひとときを過ごす。そして、目覚める前に一緒に踊っていたパートナーたちがまた1人ずつ去っていく……というストーリーで組み立てました。近日のコロナでみんながマスクをし自粛生活を送っているので孤独な

スターズ・オン・アイスジャパンツアー2021 八戸公演のリハーサルにて。ショーをけん引した羽生結弦。無良崇人はジャンプ対決のMCとしても活躍。「Lost in Japan」で魅力をふりまいた島田高志郎

思いや寂しさを感じている人も多いかと思います。そんななかで、私たちを癒してくれる夢、心安らぐ場面を皆様にも感じてほしいという願いをこめて作りました。

毎公演100％の誠意を持って滑ること

—— 佐藤さんが出演された回もあり、変わらず美しい滑りを披露されました。

佐藤 今回はディレクターとしての役割に集中していたので自分の練習が疎かになっていましたが、やはり滑ることが好きなので滑れる機会は私にとってご褒美のようなものです。

—— 佐藤さんご自身がSOIのツアーで

これまで北米各地を回ってこられたわけですが、今回は横浜に加えて、八戸での公演が実現したということも大きかったのではないかと思います。

佐藤 そうですね。横浜アリーナのような大きな会場で演技できることは、スケーターにとって名誉なことです。SOIという名門ショーのメンバーとしてスポットライトを浴び、センターアイスに立つ瞬間は言葉では表現できない特別感があります。また、八戸フラットで開催された八戸公演は横浜公演とは対照的な小規模な会場ではありますが、氷上と観客席の距離が近いので観客との一体感が肌で感じられ、大きなアリーナでは体験できない雰囲気を味

わうことができます。ファンの方々にとってもスケーターから感じるエネルギー、スピード感や感情を生で共感できると、テレビ観戦するフィギュアスケートとはまた違った体験ではないでしょうか。少しでも多くの方々にフィギュアスケートならではのライブイベントを見ていただくためにも、メジャー都市のみならず地方さまざまな場所でのショー開催を願うばかりです。

—— 観客にとっても、スケーターたちにとってもそれが何よりですね。

佐藤 日本選手の活躍によりフィギュアスケートは一般的に認知され、多くのイベントが頻繁に開催されるようになりました。とてもうれしいことではあり

スターズ・オン・アイスジャパンツアー2021 八戸公演のリハーサルにて。氷上でオープニングやフィナーレ、グループナンバーを指導する佐藤有香。客席から見え方もチェック　Photos ©Kiyoshi Sakamoto

ますが、気を付けなければいけない点もありますね。イベント数の増加により選手たちがある程度の成績を収めることで当たり前のようにショーに出られるという傾向になっています。出演の依頼を受けるのは特別なこと。チケットを購入して観に来てくださるお客様の前での演技はプロフェッショナルとしてのお仕事になります。そして毎公演"この1回"のショーをご覧いただいている方々に100%の誠意を持って滑ることが大切だと思います。

── 選手としても、ショースケーターとしても長く素晴らしいキャリアをもつ佐藤さんならではの、心に響く言葉です。

佐藤　私はプロ転向から6年かかり、やっと夢に見ていたSOIの一員としてツアーに参加することができました。そこで見た世界は私の想像を越えるものでした。スコット・ハミルトンやカタリーナ・ヴィット、エカテリーナ・ゴルディーワ、セルゲイ・グリンコフ、クリスティ・ヤマグチといったあこがれのスケーターたちが、ただ華やかなだけではなく、お互い触発し合いながら、いかにハイレベルなショーを作るかを試行錯誤し、努力する世界。数人のオリンピック・チャンピオンたちがアマチュア競技を越え、プロとして価値の高いショーを一緒に創り上げていったんです。

ですから、自分も日本のフィギュアスケート界に今後貢献していくことがで

きたらと願っています。羽生くんと今回、あえてコラボレーションという言い方をしますが、コラボができ、とても光栄に思います。若い選手たちをリードしながら、自分自身も毎公演4回転を成功させ素晴らしい演技を見せてくれました。そんな姿を見ていると、私自身がお手本にした先輩方とあこがれた当時のSOIを思い出し、日本のフィギュアスケートもこれからもっと進化していく、その兆しが見えたような気がして、今回のスターズ・オン・アイスでは希望を感じました。

（2021年5月中旬、オンラインにて取材）

取材・文：編集部
Text by World Figure Skating

真壁喜久夫 × 荒川静香

Kikuo Makabe   *Shizuka Arakawa*

あのとき、そしていま。アイスショーへの思い

トリノ・オリンピック金メダリストで今年プロ生活15周年を迎えた荒川静香さんと、
「ファンタジー・オン・アイス」をはじめ、数々のフィギュアスケートイベントを手がける
株式会社CIC代表取締役の真壁喜久夫さん。
日本でのフィギュアスケート人気が本格化した当時を振り返りつつ、
コロナ禍で見えてきたアイスショーの在り方について、じっくり語り合ってもらいました。

トリノの金メダル

—— 荒川静香さんは2006年トリノ・オリンピックで金メダルを獲得し、日本中にフィギュアスケートブームを巻き起こしました。その後すぐにプロスケーターに転向され、今年でプロ15年という節目の年を迎えて、活躍しつづけておられます。真壁喜久夫さんは、「ファンタジー・オン・アイス」をはじめ長年アイスショーを主催され、荒川さんの金メダル凱旋公演も手がけられました。真壁さんはトリノでは現地で荒川さんの演技を見ておられたそうですね。

真壁 パラヴェラ競技場の客席から金メダルが決まる瞬間を見ました。じつは、私はトリノ・オリンピックの直後に東京の有明で「シアター・オン・アイス」というショーを企画していたんですが、3日間で計27000席あるうち、オリンピック前の時点で6000席しか売れていなかったんですよ。だから正直、荒川さんのメダルに期待しながら、客席に座っていました。

荒川 そうだったんですね。そのことを知らなくてよかったです。(笑)

真壁 トリノではどの種目も日本人選手は誰もメダルを獲れていなくて、最終競技がフィギュアスケートの女子シングルだったんですよね。サーシャ・コーエン、イリーナ・スルツカヤがいて、ショートでは僅差でした。

荒川 フリーでは、最終グループの1番滑走がサーシャでした。彼女はショートが得意なスケーターだったのですが、フリーで必ず緊張するんです。出だしの2つのジャンプで失敗してしまったのが空気の振動で伝わってきて、「ああ、今回もサーシャは緊張しているんだな」と思いながら、自分の演技順を待っていました。

真壁 荒川さんが3番滑走でしたね。私の目から見ても、確実にまとめるために、実力が100だとしたら、70くらいまで構成を落として、転ばないことを優先したように見えた。そして、スルツカヤがものすごい緊張のなかで最終滑走。

荒川 滑走順を引いた時点で、ああ、イリーナは持ってるな、やはり最終滑走を引くんだなと思いましたよ。

真壁 女子以外の3カテゴリーで、すでにロシア勢が金メダルを獲っていましたからね。

荒川 プレッシャーは相当だったと思います。寝られていなかったようで、目の下のクマがすごかった。オリンピックは待ち時間が長くて、彼女は朝の練習のあと、夜の試合までショッピングモールを散歩して過ごしていました。私も時間をもてあまして、大ちゃん(髙橋大輔)とお茶をしてたんですけど、過ごし方はそれぞれ難しいんだなと思いました。たぶん、私があの3人のなかでいちばん気楽だったんです。3カテゴリーでロシアが金メダルを獲ったあとの最後の種目で、しかも獲れる実力があったイリーナ、その前回のソルトレイクシティ・オリンピックであと一歩のところ

でメダルを逃していたサーシャ。あの2人は、金メダルしか見ていなかった。私は「メダルが獲れたらいいな」くらい。

真壁 それだけ精神的なコントロールにも長けていたということでしょう。演技の内容についてはその場で決めて?

荒川 サーシャの内容も受けて、コーチと相談してジャンプ構成をそのときに決めました。実力を100パーセント出したいという思いはありながらも、結果は絶対に求めていく戦いをしなければならない。準備もできていたので、できることを全部ぶつけたいという気持ちもあって、すごくもどかしいところもありましたけれど、抑えるほうが結果につながると。唯一の後悔は3回転ループが入らなかったこと。一瞬の迷いでループに嫌われてしまった。のちにアイスショーでループを何回成功させても、自分のなかの悔いが消えることはなくて、その場でしか取り戻せないものがあるのがオリンピックだなと思います。

アイスショーで輝く条件とは?

真壁 荒川さんのオリンピック金メダルは本当に大きくて、まず日本でフィギュアスケートを一気にメジャーにした。私を含めて、多くの人がその恩恵に預かったわけですが、私がいちばん最初に恩恵に預かっているんですよ。荒川さんの金メダルの号外が出て、その下のほうに、今後の予定として1行目に「シアター・オン・ア

イス」と書いてあったおかげで、6000枚しか売れていなかったチケットが3日で売り切れてしまった。

荒川　予定として決まっていたのが、「シアター・オン・アイス」と世界選手権代表くらいだったんですよね。

真壁　オリンピックと世界選手権のあいだにアイスショーをやるなんて、いまだったらできないことでした。

荒川　いま思えばそうですね。（笑）

真壁　しかも外国勢もつれてきてしまった。男子シングル金メダリストのエフゲニー・プルシェンコも来たんだから、いま思えばよくできたと思いますよ。

荒川　あのころ、トリノをひと区切りと考えていたスケーターが多かったという理由もありますね。実際、オリンピックの金メダリストは全カテゴリー、世界選手権には行っていないんですよ。でも、それでも出演をコンファーム（確定）するのはなかなかできないですよね。

真壁　自分の人生でもあれ1回きりでしょうね。会場の有明コロシアムは客席の中段に通路があって、それより下が5000席、上が4000席なんです。当初は「下段だけ借りることもできます」と会場側に言われていたんだけど、思いきって全会場9000席を借りますと契約していた。結果的にそれが幸運に働いて、9000席が3日で売り切れ、荒川さんにトリを飾っていただく凱旋公演にできたんです。

荒川　その年は、アメリカのアイスショー「チャンピオンズ・オン・アイス」にも参加しました。私は「プリンスアイスワールド」に出演して、シカゴ公演から途中参加したのですが、最終地のラスベガスまでツアーで回って。

真壁　そのラスベガス公演を私は見に

© Manabu Takahashi

行っているんですよ。荒川さんはその年のオリンピック・チャンピオンなのに、会場のバナーもなく、プログラムにも載っていなかったのをはっきりと覚えている。

荒川　オリンピック後にオファーが来て、出演が決まったのがいちばんあとだったので、予定になかったんですよね。プログラムも、ステファン（・ランビエル）と私はあとから差し込みでした。

真壁　それでも、本場アメリカのアイスショーへの出演ですものね。

荒川　プロとして滑っているスケーターに現役時代から憧れていて、その道に進みたいと思って競技生活を過ごしていたので、ツアーに参加できることになったときは本当にうれしかった。夢の入り口に立ったような気持ちでした。そもそも、アメリカで練習していた時期に「スターズ・オン・アイス」を見に行って、選手時代をよく知っているスケーターたちがプロになって作り上げるアイスショーの世界観に感銘を受けて、私もこういう道に進みたいと思ったんです。ただ、アメリカで活動している外国人スケーターはごくわずか。ひと握りもいない、ひとつまみくらいで、やはりアメリカ人のショーだと、アメリカ人はもちろん外国人もみんなそういう認識で滑って

いた。「チャンピオンズ・オン・アイス」であれば、プルシェンコがいても誰がいても、トリを飾るのはミシェル・クワン。ツアー中の待遇も、全米チャンピオンのほうがオリンピック・チャンピオンよりも待遇が良いということはあったんです。それでも、外国勢はみんなそこに呼ばれることに価値を感じていて、だからパフォーマンスはアメリカ人のどのスケーターよりも磨かなくてはいけない、獲ったタイトルに甘んじず、自分自身で次のチャンスをつかんでいくべきだと強く感じました。私がこうして15年間プロとして過ごしてきたなかで、入り口がそこだったことは大きかったです。それがなければ15年も滑ってこられなかった。そこで培った精神、スケートに対するマインドは、いまのプロ生活を支えるうえで本当に大事なことだったと思います。

── 15年間もプロとして第一線で活躍するのは並大抵のことではないと思いますが、荒川さんから見て、アイスショーで輝くことができるスケーターに求められる条件はどんなものだと思われますか。

荒川　やはりスケートに真摯に向き合っているかどうか。プロとしてどうありたいかを真剣に考え、スケートに大きく比重を

ファンタジー・オン・アイス 2019 幕張公演のオープニング　© Fantasy on Ice 2019/SHUTTERS

置いているかどうか。そういうシンプルなものが根底にないと、ということはあります。世界を見渡しても、長く活躍するスケーターは本当にスケートに対して真摯に向き合っているし、腰かけ感覚では最初は話題性の余韻でうまくいっても、スケーターとして身体を維持するのはそう簡単なことではないので、ストイックでなければ難しい。年齢に甘んじて、妥協はいくらでもできるのですが、結果やわかりやすい数字に表れてこないものに対して緊張感をもちつつ、自分をしっかりといい形で見せていく努力は必要だと思います。

真壁 まさにその通りだと思いますし、荒川さんは実践されていますね。ショーでもスケーター紹介のコールで、「オリンピック・チャンピオン」と紹介されるわけで、それに恥じない演技を見せるために、日ごろから鍛錬を積んでいる。プロになった以上はタイトルだけではないけれども、そのタイトルで呼ばれる以上はそれに見合った演技をするために、陰の努力は相当されていると思いますよ。よく聞く話だけれど、荒川さんは解説で世界選手権などの国際大会に行かれるときも、必ずその会場の近くで練習リンクを探している。そういう話を聞くと、解説のときでも練習

を欠かさずに体調を管理しているんだなと。だからこそ15年も長くやってこれたんじゃないかなと思っています。

コロナ禍での厳しい決断

—— コロナ禍のもと、アイスショーも大きな影響を受けました。昨年は大半のショーが中止になり、今年はいくつか再開したものの、真壁さんが主催する「ファンタジー・オン・アイス」は残念ながら2年続けての開催見送りが発表されています。真壁さんはプロデューサーとしてどう決断されたのでしょうか。

真壁 まず去年の状況ですが、正直いって3月あたりに至っても、まだ近々のうちに終息するのではないかという期待がありました。ところが3月下旬に東京オリンピックを延期することが発表されると、これはだめだ、とてもできないと。全体で5週間もあるツアーですから、後半だけでも残すか迷ったのですが、そこは思いきって全部をキャンセルする決断をして、あとから考えればそれでよかったわけです。すでに会場費も発生し、チケットの払い戻しに伴う費用もあったので、去年はだいぶ苦しめられました。それを踏まえて、今年もどこで決断するのかだいぶ悩みましたね。

「ファンタジー・オン・アイス」はスケーターの半分近くを海外から招いていますから、役者が揃わないことには難しいだろうということが最終的な判断になりました。

—— 海外のスケーターたちからはどんな反応がありましたか。

真壁 たとえばステファンは、「コロナ禍で、こんなに長く1ヵ所にとどまるのは初めてです。できなくなったことが2つあって、ショーに出ることと、旅に出ること。ファンタジーのために去年から用意していた新しいプログラムを温めています。ぜひ開催してほしかったけれど、来年を楽しみにしています。そのときまで健康と安全を祈っています」というメッセージが来たし、ジョニー（・ウィアー）からは「ファンタジーが中止になって悲しかった。自分にとって1年の最大行事です。スケーターたちやスタッフは自分のファミリーのようなもの。これまで毎年同じ時期に日本にいたのに、今年は自宅待機。つらい時期だったけれど、家族と過ごす時間が多くて、新しい気付きや人生を見つめ直せたことはよかった。そういう意味ではリセットになりました」というようなメッセージが送られてきました。

荒川 本当に、ファンタジーには思い出がいっぱいあります。これだけ多くのトップスケーターを動員するショーはなかなかないし、1日1公演しかできないくらいの公演の長さじゃないですか。「コスパのいいショー」って、ファンからは。

真壁 いや、長いんだよな。（笑）

荒川 1日でこれだけのスケーターが見られて、またグループナンバーや、違ったジャンルの歌手やミュージシャンの方々とコラボレーションができる。スケーターにとって夢が詰まったショーなので、そこに

© Manabu Takahashi

© Manabu Takahashi

呼んでいただけるのはスケーターにとって本当に光栄なことです。時代を経て顔ぶれも変わりましたけど、ずっと変わらないスケーターもいて、集まるとファミリー感が生まれる。みんながお互いを大事に思いながら、刺激を受けながら、一緒にひとつのショーを作り上げる一体感があります。出ていても心地がいいですし、会場でそれを共有してくださるお客さまとの空気感も、本当にラグジュアリーな気持ちになりますね。いちばんいいのが、「ああ始まったな」というあのオープニングの音楽。自分のテーマ曲を持ったショーって、ほかにないですよね？

真壁 あれは評判がいいんですよね。いい加減長く使ったから変えようかと思っても、「いやいや変えちゃだめです、あれはそのままがいいんです」と止められます。

荒川 あれはショーのために作ったんですか？

真壁 そうです。作曲を依頼して作ったオープニング曲です。

荒川 じゃあ変えちゃだめです。(笑)"デッデッデデッ"と始まると、「ファンタジーが始まった！」という感じがするじゃないですか。スケーターも裏でテンションが上がる曲なんですよ。あれを変えたらファンタジーのカラーがまた変わっちゃうくらい。誰が出ていても「ファンタジー・オン・アイス」だと打ち出せるし、またメンバーが変わることで、同じ曲でも毎年ちゃんと色合いが違ってくるのもいいんですよね。ほかのショーでは味わえない感覚だと思います。

真壁 荒川さんというと、やはり2011年の倉木麻衣さんとのコラボレーションを思い出しますね。どの曲で滑ってもらうか悩んで、でも倉木さんである以上荒川さん

とのコラボレーションしかないと思って決めたので、記憶にも残っている。まだコラボレーションを手探りでやっていた時代なんですよ。

荒川 震災のあと、復興を願うテーマで倉木さんが作られた曲でしたよね。私もヒット曲をたくさん聴いていた世代ですが、新曲をくださった。これまでにいろいろな歌手の方とコラボさせていただいてきましたが、私が滑れるジャンルが限られているので、アップテンポな曲が来たらどうしようとドキドキしてるんですよ。

真壁 私からすると、何も文句を言わずに受け入れてくださってありがたいばかりです。だから、わりとイメージが一致してるんじゃないかな。

荒川 いつも素敵な曲を提案してくださって、なかなか歌手の方とコラボレーションできる機会はないので、すごくいい化学反応が生まれているなと思います。歌手の方にとっても、目の前が開けていてスケーターひとりという空間で歌うことはあまりないと思うので、お互いに新しい環境でパフォーマンスすることで生まれるものはありますよね。最近だと、杏里さんとのコラボも印象に残っています。

真壁 あのときは安藤美姫さんもいたので、荒川さんに「オリビアを聴きながら」、安藤さんに「悲しみがとまらない」を滑っていただいて、2人の対比が際立つといいなと思っていました。観客の方々にも、歌う杏里さんにも、荒川静香と安藤美姫の揃い踏みはやはりインパクトがある。2人にもお互いに意識しながら滑ってもらえたらと、あえてそうしたんですよ。

荒川 意外とスケーターは何も気にしてないんですけどね。(笑)

真壁 こちらが思うほどはね。

荒川 ただ唯一、華原朋美さんが歌われた「I'm proud」は世代ぴったりだったので、ああ「I'm proud」は美姫か、じゃあしっかり見られるなと思ったことがあります。でも、「ファンタジー・オン・アイス」は、見たい組み合わせでコラボナンバーが見られている気がします。滑る楽しみはもちろんですが、スケーターにとっても見る楽しみがあるんです。ショー自体が長いので、自分も見るチャンスがたくさんある。フィナーレのころになって「あっ、まだショーは続いていたんだった」と思い出すみたいな感覚になることもあるんですけど。

真壁 コラボレーションでどんどん組み合わせていくうちに、長くなっちゃった。さすがに3時間半は長いと思うんですけどね。

荒川 興行的には2回公演を打ったほうがいいんでしょうけれど。私もプロデューサーでもあるので、その観点から見ると、大丈夫かな、贅沢だな、と思ってしまうほどの内容ですよね。

真壁 荒川さんは出演スケーターのなかでもステファンと気が合っているかな？

荒川 世代も近いですし、感覚が合うんですよね。年齢的には4つくらいステファンが下なので、彼は大ちゃん世代なんですけど、なぜかステファンは私の世代に寄ろうとしてくる。(笑)「自分ももう年だから」「いやいやあなたまだ若いからね」なんていう話をいつもするんですが、ステファンのスケーターとしての意識が私と近いものがあって、ステファンも試合という場で戦うのも好きだけれど、アスリート以上にアーティストの一面が強くて、にもかかわらず技術をあそこまでしっかり保っている。そこに通じるものがあるとお互いに思っていて、お互いにどうしているかなと気にしている相手です。

出演オファーがモチベーションに

—— 今年に入って再開したアイスショーのうち、荒川さんは「プリンスアイスワールド」と「LUXE」に出演されました。コロナ禍の渦中にあるアイスショーに対して、どんな思いをもちましたか。

荒川 いまも決して万全の状況で開催できているわけではないので、主催者も開催するかどうかの判断で非常に迷う部分だと思います。ショーは半年以上も前からスケーターや会場をブッキングしなくてはならない。状況を見ながら準備を進められたらいいのでしょうが、実際には意を決して、いわば押し通すというような気持ちで、主催者の方々は開催を決めてくださっているような状況だと思います。スケーターとしては、そこで活動の場をいただけるのはありがたいことですし、お客さまにも来られる方と来られない方がいますから、来られない方のためにライブビューイングや配信などの新しい手段が生まれてきました。スケーターとしては、そうやって開催して、どこかで誰かの活力になれること、お客さまが見て元気になったり、エネルギーを得たりしてくださることが本当にありがたいなと。それが全部なくなってしまったら、エンタメ界が非常に寂しいものになってしまいますし、その場に夢を抱く次の世代もいなくなってしまう。やはり、ここは無理をして、大変な思いをしてでも、つないでいきたいなという思いは私自身にはあります。普段でしたら私も毎年

8月に「フレンズ・オン・アイス」を開催していますが、今年はこの5月も終わろうという段階で白紙状態というのは、これまでにない状況なんです。「ファンタジー・オン・アイス」ですと2月から3月には大枠を決めていないとならないですよね。「LUXE」でも、短期間で作り上げるために、労力は普段の何倍もかかっていましたし、神経もつかい、いろいろなことに気を向けなければならなかったのですが、それでもやっていかなくては衰退してしまう。何らかの形で、ここはもうアイスショーごとに競合するのではなくて、ひとつでもお互いに応援して作っていかなければならない、という思いは共有されているような気がします。

真壁　私もイベントプロデューサーであると同時に会社の経営者ですから、この1年半あまりは、社員に不安を抱かせないために、銀行などと話をすることが非常に増えました。ご承知の通り、コロナ禍の影響がイベント業界を直撃していて、残念ながらそれで倒産という企業も出てきています。エンタメ業界はどこも苦しい。あまり具体的には言えないけれど、苦境を乗り切るための算段はずいぶんとしています。

荒川　私もやりました。プロフィギュアスケーターが本職で、去年はショーという場がゼロでしたから、仮にオファーをいただいていて、それが中止になったとしても、何の保証もないわけですから。

真壁　職業としてのフィギュアスケーターは個人事業主であるということですね。

荒川　同じ職業として取り組んでいるスケーターにはみんなに言えることで、みんな本当に苦しかったと思います。そういう意味では自分の人生や生き方、働き方を考えるチャンスにはなりましたけれど、いつまでもこの状況ではないだろうという希望をもちながら、自分自身は変わらずに維持していかなければならないという状況でしたね。モチベーションをもちつづけるのは大変で、私はいったいどこに向かって練習しているのでしょうか、と思いながら、今朝も練習してきました。

真壁　荒川さんは本当にすごいと思いますよ。お子さんが生まれてからもスケーターとしてトップレベルでいつづけるのは大変なことだけれど、見事に復活された。後輩のスケーターにとって、長くプロをやっていくうえでいちばんの見本になりますよね。

荒川　もう1年1年、リミットが近づいていますからね、私は。(笑)ちょっと先のことでもわからないなと感じます。ショーのオファーをいただくのが半年前くらいなんですが、半年後に私はどのくらいできているだろう、出たいと言っていいんだろうかという思いは最近はいつもあります。

真壁　主催者としてはぜひ出てほしいとオファーしているわけだけれど、そう伺うと、どこかでキャリアに区切りをつけるときがやってくるわけでしょう。それは自分にしかわからない。

荒川　そう、わからないんですよね。でもオファーをいただいたということは、がんばるチャンスがいただけたということなので、それは自分を磨いていくうえで大事なポイントだと思います。いまプロとして活動しているスケーターにとっては、オファーをいただけるかどうかがかなり大きな生命維持線ですね。モチベーションをもって、長いスパンでコンディションを作っていかなくてはならないので。

真壁　長い期間で考えると、結局荒川さんのように取り組んでいない人は実力が落ちていってしまう。

荒川　私は一回調子を落とすと取り戻せないので、練習は毎日、たとえ間を空けても2日、という感じです。そうでなくても維持できる人はいると思うんですが、私はできない。落としたくないボトムの基準があるので、やるしかないですよね。

真壁　そんなに甘いものではないと。

© Manabu Takahashi

荒川　全然甘くないです。やりつづけていても落ちていく。穴の開いたバケツにつねに水を汲んでいるような状態で、その穴が年齢とともにどんどん大きくなっていくイメージです。昨年はリンクの閉鎖で2ヵ月練習できなくて、最初は心配したんです。アスリートとして身体が万全で休む理由がないのに滑れないというのは、経験したことがない。選手たちもみんな開き直ったと聞きます。考え方や感じ方もみんな変わったんじゃないかなと。私も、出産でも1ヵ月しか休まなかったので、人生最大のブランクでした。リンクが開いてからもプロは出演機会がなかったので、ずっと(本田)武史と、「これで終わりかな」「でもそのまま終わるのは嫌だね」「もう1回ショーに立ちたいね」みたいな話をしていました。コロナのためになんとなく終わっていくのではなくて、最後は自分の意志で、自分で決めて辞めたい。そう話していたら、2人とも「プリンスアイスワールド」で久しぶりに滑らせていただいて。武史のスタートダッシュ、すごかったです。

活躍できる人が活動できる場を

──　7月には日本代表エキシビション「ドリーム・オン・アイス」の開催が予定されています。昨年は無観客で競技会形式での開催となり、出演した選手にとってもモチベーションになったと思います。

真壁　私は主催者の立場として、ドリームだけはなんとしてもやりたいと考えていました。「ドリーム・オン・アイス」はもともと、日本の選手がお客さまの前で自分の演技を試して、よりブラッシュアップする場を提供したいという思いから始まったエキシビションです。その目的からすると、取り

荒川静香と杏里のコラボ「オリビアを聴きながら」(ファンタジー・オン・アイス2017新潟公演)
© Fantasy on Ice 2017/SHUTTERS

真壁喜久夫
Kikuo Makabe

プロデューサー、株式会社CIC代表取締役。1980年代からフィギュアスケートの大会運営に携わり、2001年からアイスショーを各地で開催。「ファンタジー・オン・アイス」を創設したほか、エキシビション「ドリーム・オン・アイス」「メダリスト・オン・アイス」など多数のスポーツ・文化イベントを手がける。2021年、著書『志 アイスショーに賭ける夢』(小社刊)を上梓。

© Manabu Takahashi

荒川静香
Shizuka Arakawa

東京都生まれ。2006年トリノ・オリンピック金メダリスト。1998年長野オリンピック出場、2004年世界選手権優勝など実績を重ね、フィギュアスケートでアジア人初のオリンピック・チャンピオンに輝いた。トリノ後にプロスケーターへ転身、アイスショーで優美な姿を見せているほか、日本スケート連盟副会長、競技解説、オリンピックキャスターなど多彩な分野で活動している。

やめるわけにはいかない。これはエンタメというよりも、選手への支援という思いのほうが強かった。ただ昨年9月の段階では、無観客という選択しかなかったんですね。チケット収入はなくなりますが、制作会社として意地を見せたいと思っていました。客席を作らなくていいのなら、いつもと違ってフルリンクが使える、それならば試合形式ならどうだろうと。試合のような感覚がもたらす緊張感を味わって、それが演技へのいい意味のプレッシャーになればいいと考えたわけです。いっぽう今年は、次第に開催のルールも確立してきたので、形式としては今まで通り、ただし客席は半分にして開催しようというつもりではあります。

荒川 去年は、本当に誰もがどうしていいかわからなかったですよね。どうなっていくのかはいまもわからないですが、どうできるかを考えて、模索できるようになってきた。

真壁 本当にそうですね。うれしいことに、羽生結弦選手も久しぶりにドリームに出演するという決断をしてくれました。滑る場はやはりスケーターにとって大事なんだなと改めて感じます。去年は誰もが感染防止が最優先だったけれど、いまはある程度は先のことを考えられるようになってきた。

荒川 プロスケーターの状況を考えると、私自身は2回アイスショーに出演する機会をいただきましたけれど、まだまだ活躍できる世代が活動する場所をもてないというパターンもあるわけですよね。その状況を見ていると、本当に複雑な気持ちになります。無理をしてでもやっていかなきゃ、という気持ちに私自身もなっているので、8月の「フレンズ・オン・アイス」も、どうにかしてプロスケーターたちを活かす場所を作らないと、という思いをもっています。それを見て、次の世代にがんばりたいなという希望をもってもらう状況を作らないと、つながっていかない。どの世代も含めて、みんなで盛り上げていかないと。社会の情勢によって簡単にはいかないことを重々自覚しつつ、どう考えていけばいいのか、日々頭を悩ませています。

真壁 簡単に口出しのようなことをしてはいけないけれど、「フレンズ・オン・アイス」はできると思いますよ。外国勢はまだ難しいと思うけれど。荒川プロデュースなんだから。

荒川 その時々の状況に合わせて、形を変えてでも、できることを、できるときに、できる人が、というのがいいと思うんですけれど。フレンズはもともとそういうふうに始まったものですから。ただ、「ファンタジー・オン・アイス」はね、滑るほうも見るほうも、あれだけ豪華なものを期待するということが誰しもあるので、ファンタジーの可否は大きな決断ですよね。

真壁 もちろん主催するほうも、ブランドを守りたいという思いはあります。

荒川 いろいろと難しい状況ですが、そこは妥協しないでほしいです。ファンタジーが長年培ってきた形をしっかりと継承したショーがやれる日が来るまで。

真壁 我慢するしかない。

荒川 本当に、予算面を度外視しているように感じる規模ですものね。真壁さんの夢を賭けて作っているんじゃない?といつも思います。

真壁 かっこよくいえば人生がかかっているわけですから。荒川さんと話をさせていただいて、大変励まされました。

荒川 コロナ禍だからこそ、「ファンタジー&フレンズ スピンオフ」みたいなコラボはどうですか?

真壁 面白いですね。

荒川 いま思いついたアイディアですけれど、コロナ禍だからこそ実現できたみたいな企画ができたら、面白いですよね。

—— 一日も早く、また万全な形でアイスショーが開催されたらと願っています。今日は貴重なお話をありがとうございました。

(2021年5月下旬に取材)

取材・文:編集部 Text by World Figue Skating

好評発売中

志
アイスショーに賭ける夢

真壁 喜久夫 著

知られざる氷上エンターテインメントの世界。アイスショー「ファンタジー・オン・アイス」を率いる名プロデューサーは、なぜ氷上のエンターテインメントの世界に足を踏み入れたのか。その志とは——? エピソード満載で、華やかなショーの魅力と舞台裏、そしてエンターテインメントビジネスの極意を語り尽くす。羽生結弦、ステファン・ランビエル、ジョニー・ウィアーとの対談も掲載。

四六判並製／定価1980円(税込)　新書館

Prince Ice World

プリンスアイスワールド **2021** REPORT

明るい未来、
願うよりも切り拓く

プリンスアイスワールド（PIW）2021-2022の
幕開けを飾る横浜公演が5月1〜5日、
KOSÉ新横浜スケートセンターで開催された。

Brand New Story II
〜Move again!〜

大きなフラッグをはためかせて氷上を
疾走する小林宏一 © Yazuka Wada

中島将貴 © Shintaro Iba

吉野晃平 © Manabu Takahashi

中野耀司 © Yazuka Wada

松永幸貴恵ら女性キャストによる「bad guy」© Yazuka Wada

Prince Ice World

演技にエアリアルに大活躍の本田望結。小林宏一、本田宏樹と © Yazuka Wada

フープを使ったエアリアルに挑戦 © Yazuka Wada

西村桂、小川真理恵 © Yazuka Wada

医療従事者へのエールもこめられたシーンも © Manabu Takahashi

PIWのみどころの1つ、迫力あふれるシンクロ演技

Prince Ice World

浅見琴葉 © Yazuka Wada

坪田佳子 © Yazuka Wada

松村成 © Yazuka Wada

唐川常人 © Yazuka Wada

五戸桃代 © Yazuka Wada

佐々木優衣 © Yazuka Wada

中西樹希 © Yazuka Wada

オープニング。観客たちのカラフルなペンライトが闇にきらめく © Yazuka Wada

**2年ぶりの再会に
サプライズのおもてなし**

「Brand New Story II ～ Moving On!」は、本来は昨シーズンのために用意されていたプロダクション。昨年は、新型コロナウイルスの急速な感染拡大を受け、PIWチームはリハーサル途中にも関わらず解散を余儀なくされ、開催は見送りとなった。今年もコロナ禍の渦中であることは変わらないが、予防策を徹底したうえで開催を決定。新プロダクションが、2年越しでベールを脱いだ。

今季のPIWは、2年の時間を最大限ポジティブに昇華したことがうかがえる、趣向を凝らした演出が満載だった。オープニングは安室奈美恵の「Hero」。純白の衣装に身を包んだメンバーたち1人1人が、再会の歓びを語るように短くも渾身の滑りを見せる。昨年加入したもののショーが中止となり、今回デビューとなった中野耀司は今年加入の唐川常人とともにトップバッターで登場し、プロになって習得したバックフリップでダイナミックにあいさつ。

序盤からスケートの疾走感を存分に楽しめるフラッグダンスや、映像を絡めたコント仕立てのナンバーなど、次から次へとシーンが展開される。

メンバーが白衣やスクラブ姿で登場する「I Never Fail!」は、「ドクターXのテーマ」を使用し、コロナ禍の最前線で戦う医療従事者へのリスペクトを、PIWらしい明るい解釈で表現した。女性メンバーたちが白衣を脱ぎ捨て、スタイリッシュなガールズナンバー「bad guy」へと入るコントラストも楽しい。男性メンバーが合流すると、情熱的なサルサから、重たいビートが男臭さを際立たせるメンズナンバーへとバトンを繋ぎ、会場のボルテージを上げていく。今季のPIWはとにかく踊る。

一部最後の「Japanesque II」では、歌舞伎や日本舞踊にフォーカスした前回とは異なる角度で"和"を切り取る。和傘を手に打掛を揺らしながら、しゃなりしゃなりと氷上をゆく花魁と、提灯片手に羽織袴姿の男性陣。優雅な舞を見せたかと思うと、重い着物を脱いで、今度は宙に舞う。エアリアルを導入し観客の度肝を抜いた。アイスリンクの空間を縦にも横にもこれでもかと使った立体的な演出が、心を躍らせる。最

後は全員で氷に三つ指をついて、つつましやかな引き際で一部を締めた。

困難を乗り越えて突き進む！

二部は、前回公演で話題を呼んだアイスタップから。チアリーダー風の半袖短パン衣装で、タップダンサーHideboH振付の細かな足さばきを見せつける。一部に出演したゲストの田中刑事、鍵山優真、友野一希、三浦佳生もTシャツ短パン姿で加わり、会場全体で滑りと音を楽しんだ。

オフィスでの仕事ぶりを演じるドラマは、前回公演からの連作で第2話。女優としても活動する本田望結がキャストに加わり、一気に本格的に。映像終わりで氷上に現れた本田は、エアリアルにも挑戦し、音楽が変わると本田とPIWメンバーが踊りまくるコラボレーションナンバーが始まる。プログラムは、ももいろクローバーZの振付師としても知られる石川ゆみが、ロックテイストを盛り込んで振付けたジェームス・ブラウン「Move On」。さらに、続く「Confident」では、製氷車をも演出に取り込み、ハードでロックな世界観を広げていく。なかでも、PIWチームラインキャプテンの小林宏一が、ダンスのグルーヴ感、吠えるような表情で魅せた。ゴージャスな「Roar」でクライマックスへ向かい、PIWチームメンバー25名でシンクロナイズドスケーティングの魅力を伝える「威風堂々」で壮大なフィナーレを迎えた。

公演タイトルの「Moving On!」は昨季から決定していたが、苦境を越えて再び歩み出したPIWチームが演じることで、テーマの「突き進む！」がいっそうの説得力をもって表現されていた。そして、彼らの物語は「Brand New Story III」へと続く。

空気を変える本気の宇野昌磨

ゲストスケーターたちもまた、楽しそうに躍動する姿が印象的だった。KOSÉ新横浜スケートセンターで練習する地元・ハマっ子の三浦佳生は、新プログラム「ポエタ」でタンゴに初挑戦。友野一希はメガネや新聞といった小道具を使ってサラリーマンを軽快に演じる「Bills」で、磨きのかかったショーマンシップを発揮した。本田望結が、滑りと踊りで音を見せるダンサブルなプ

Prince Ice World

宇野昌磨「ボレロ」© Shintaro Iba

樋口新葉「ライオン・キング」© Yazuka Wada

本田望結「Thnks fr th Mmrs」© Manabu Takahashi

ログラムで会場のクラップを誘えば、鍵山優真は世界の銀メダルを獲ったSP「Vocussion」で完成度の高い4回転も決め、喝采を受けた。

公演前から大きな話題を呼んでいたのは、町田樹と田中刑事のタッグによる「継承プロジェクト」だ。2014年に町田が演じた「ジュ・トゥ・ヴ」を、町田の指導のもと田中が滑り継ぐというもの。町田の演技を懐かしく思い起こさせつつも、田中ならではの色気をはらんだ滑りで、美しい悲恋の物語を完成させた。

本田真凜は、ステージをパッと照らす華やかさで会場を掌握し、新フリー「ライオン・キング」を披露した樋口新葉は、新シーズンへ懸ける思いがほとばしる熱演。本田武史は現役時代に世界の表彰台に上がった「リバーダンス」の再演で貫禄を示し、荒川静香は祈りを込めた「ネッラ・ファンタジア」でプロとしての矜持を映す壮大かつ洗練された舞を見せる。ゲストのトリを飾った宇野昌磨が披露したのは、ステファン・ランビエル振付の新フリー「ボレロ」。楽曲は、ビートの打ち込みやテンポの緩急をつけたアレンジバージョン。「プログラムに真剣に向き合う姿をお見せできたら」と語った通り、リンクをピリリと緊張させる気迫をまとった踊り、キレのある4回転でも観客を圧倒した。

取材・文：編集部 Text by World Figure Skating

Prince Ice World

本田真凜「I'm an Albatraoz」© Yazuka Wada

荒川静香「Nella Fantasia」 © Yazuka Wada

友野一希「Bills」 © Shintaro Iba

三浦佳生「ポエタ」 © Shintaro Iba

鍵山優真「Vocussion」© Shintaro Iba

本田武史「リバーダンス」© Shintaro Iba

田中刑事「Je te veux」© Shintaro Iba 62

鍵山優真 © Yazuka Wada

第2部はPIWメンバーが実演をまじえてシンクロやジャンプの種類を紹介するコーナーからスタート。三浦佳生らゲストも会場を盛り上げる © Yazuka Wada

5月5日、18歳の誕生日を祝福される鍵山優真 © Shintaro Iba

友野一希 © Manabu Takahashi

「日本のハーネストレーナーの第一人者」と紹介された中島将貴。ハーネスで中野耀司が4アクセルに挑戦 © Shintaro Iba

氷上で激しくアイスタップ © Manabu Takahashi

シンクロの実演をするPIWメンバー © Yazuka Wada

田中刑事 © Manabu Takahashi

はじめまして、 REBEL BLADE です！

この春、男性7人組のプロスケーターユニット「レベルブレード」が誕生。
彼らは、音楽や映像、ファッションなど様々なジャンルとフィギュアスケートを融合させたショーづくりを目指す。
スケート界に新たな風を吹かせるエンターテインメント集団に、要注目です！

協力：（株）CS日本

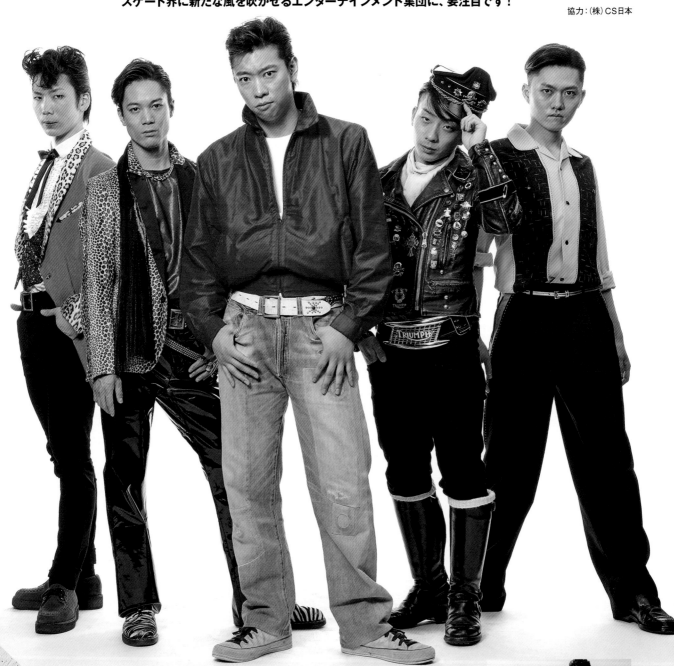

レベルブレードとは——
誕生までの軌跡

今年1月、PIWチームキャプテンの小林宏一が、テレビの企画をきっかけに夢だった男性だけのプロスケーターユニット発足に動き出した。音楽プロデューサー野澤孝智との出会いを経て、5人組のエンタメ集団を目指すことに。2月にはメンバーオーディションが行われ、PIWチームメンバーの小沼祐太、吉野晃平、小平渓介、中野耀司の4名が選ばれた。

ユニットは反骨の刃を意味する「REBEL BLADE（レベルブレード）」と名付けられた。5月の初パフォーマンスに向けて始動するなか、小林はレベルブレードを5名から、松村成、本田宏樹を新メンバーに迎え7名に増やして活動していくことを決意し、7人のレベルブレードとして5月4日に初パフォーマンスを迎える。

YUTA ONUMA

小沼祐太

❶1992年4月5日
❷東京 ❸A型
❹165cm

リンクの内外で場を明るくするムードメーカー。観客への大胆なアピールやバックフリップなどの大技で会場の熱気を上げる。メンバーからの信頼も厚いリーダーの右腕的存在。

HIROKAZU KOBAYASHI

小林宏一

❶1985年6月29日
❷東京 ❸O型
❹180cm

レベルブレードを立ち上げたリーダー。選手時代には世界の舞台も踏み、2010年にPIWへ入団。芸能活動やダンスの経験もあり、抜群のセンスで華やかなパフォーマンスを生み出す。

KOHEI YOSHINO

吉野晃平

❶1994年8月8日
❷長野 ❸O型
❹173cm

しなやかな滑りと端正なルックスがマッチした色気のある演技が魅力。振付師としても多くのスケーターのプログラムを手掛け、多方面から熱視線を集める。

YOJI NAKANO

中野耀司

❶1997年11月8日
❷神奈川 ❸A型 ❹164cm

ハングリー精神を秘めたクールな末っ子。選手時代からアグレッシブな表現で会場を沸かせ、プロ転向後にはバックフリップも習得。高い身体能力と野心を持つ、可能性あふれる23歳。

HIROKI HONDA

本田宏樹

❶1994年9月21日
❷神奈川 ❸O型 ❹176cm

体格のよさを生かしたパワフルな演技と迫力あるバックフリップは見応え十分。素顔はほのぼのとした雰囲気をまとい、ユニット内では癒し系。猫派のカピバラ好き。

KEISUKE KOBIRA

小平渓介

❶1994年6月17日
❷長野 ❸A型
❹175cm

指先や視線を余すことなく使い、演目ごとにがらりと変わる表情や艶のある演技で惹きつける。リンクから降りると物静かだが、アイスショーへ懸ける想いは人一倍。

JO MATSUMURA

松村 成

❶1991年7月25日
❷神奈川 ❸A型
❹172cm

父、姉もPIWで活躍したスケート一家に生まれ、"お手本"と評されるなめらかな滑りを見せる。氷上ではノーブルな演技を披露するいっぽう、普段は意外にもボケ担当というギャップも◎。

EVENT

7月にデビューイベント開催

レベルブレードのデビューイベントが7月3日、KOSÉ新横浜スケートセンターで開催される。5月の公演が緊急事態宣言を受けて延期となったもの。「ウエスト・サイド・ストーリー」を題材に、プロデューサーの野澤が楽曲を、メンバー自らが振付・構成を手掛け、芝居の要素を盛り込んだオリジナルプログラムを披露する。

REBEL BLADE デビューイベント「The Beginning」
● 7月3日14:00 & 17:00／KOSÉ新横浜スケートセンター

INFORMATION

「銀盤のプリンス ～アイスショーに賭ける男たちのシンフォニー」(CS日テレプラス)
6月27日、7月31日

WEBサイト https://rebelblade.jp
Instagram rebel.blade
Twitter @rebel_blade

反骨の刃を振れ！

レベルブレードの結成を記念して、メンバーを緊急招集！
リーダーの小林宏一と、吉野晃平、中野燿司、松村成、本田宏樹の5名がかけつけ、
ユニットへの思いと今後の展望を語り合ってくれました。

10年来の夢が動き出す

—— まずは、ユニット結成にあたって、みなさんどんな思いですか？

小林 ぼくは10年ぐらい前から男性ユニットを組んでやっていけたらいいなとは思っていたんですが、チャンスがないまま今になってしまって、とくに去年はコロナ禍でアイスショーがなくなって、このままスケートを続けていけるのかと、自分のなかで思うところがありました。そういうタイミングで日テレさんからお話をいただいて、やっと来た！と。正直、いまプロフィギュアスケーターという存在はまだあまり世間に知られていない。そういう状況を"崩す"じゃないけど、プロになってから輝ける舞台を自分たちの手で作っていきたいと思っています。

中野 自分も宏一くんに話を伝えてもらったときに、すぐにやりたいと思いました。不安は一切なくて、やるしかない、チャンスだと思いました。

吉野 男性だけでユニットを作りたいというのは、けっこう昔から宏一くんと食事に行ったときとかに話をしていました。だから今回の企画を宏一くんから聞いたときは、本当にできるんだ！って。いままでずっと夢物語だったものが、身近なものになってきたなという感じでした。

松村 ぼくは、最初はオーディションで落選してしまって、ちょっと複雑な気持ちもあったんですけど、7人でやろうと決まってからは、新たな試みでもあるし、何をやるんだろうってドキドキと不安とワクワクで。お披露目のパフォーマンスを収録してみて、こういうことをやっていくんだと改めて実感できました。

本田 自分は正直、最初はユニットを絶対やるんだという気持ちではなくて。少し前にバックフリップの練習を始めていたんですけど、ショーがなくなっちゃって、どこに向かってやっていけばいいのか全然わからなくなっていました。でもバックフリップをこのオーディションに合わせて完成させたいというのがモチベーションになったし、みんなで1つの作品を作ることも楽しくて、レベルブレードの活動がいまのモチベーションの1つになっています。

こんな7人でやっていく

—— せっかくなのでお互いのことを、3つのキーワードで紹介していただきたいのですが、まずは今日集まれなかった小沼祐太さんと小平渓介さんはどんなメンバーですか。

小林 オヌ（小沼）は**ムードメーカー**。ぼくが暴走したときも止めてくれる。

吉野 一緒に暴走してるときもありますけどね。

小林 そうだね。(笑) しっかり自分も持っているから頼りになる。**引っ張る力**がある必要不可欠な存在かな。

松村 的確な**ツッコミ**もできるし、みんなが納得するような発言もできて本当に頼もしい。

—— では、小平さんは？

松村 つねに**美**を意識している。で、すごく**洗**練されている。

小林 彼は他の6人にないものをいちばん持っているかな。**魅せる**ことに特化していて、お客さんを盛り上げてくれる。ぼくには彼みたいな感じは出せないです。

—— では、ここにいるみなさんには隣に座っているメンバーの紹介をお願いします。まずは、吉野さんから本田さんの紹介ですね。

吉野 宏樹は体が非常に**大きい**。フィギュアスケーターは線の細いスケーターがかなり多いんですけど、がっしりしていてパワフルな滑りができるなと思います。あと**代謝がいい**ので、汗っかきです。体がデカいのにかわいいところがあるっていう、**マスコットキャラクター**的な感じ。カピバラみたいな雰囲気をして、カピバラが大好きだそうです。(笑)

—— 癒し系のマスコット的存在ですね。

松村 それいいな。ずるい！

—— 本田さんからは松村さんの紹介を。

本田 成くんは、ぼくと違って非常に細くて(笑)、お手本みたいな本当に**きれいなスケート**をする——けど、たまにぶっ飛んだところもある。すごく面白い動きをしたり、声を出したり。

松村 それはもう変な人じゃん！(笑)

本田 PIWのリハのときもキリンのモノマネとかしてたし、**楽しいお兄さん**です。それに、ビジュアルが**かっこいい**です。

—— 松村さんから中野さんは？

松村 耀司とは同じ神奈川県内でずっと一緒に滑っていたんですけど、ちっちゃいときからすごく**体で表現する**子で、それで名前も知られてたというか……プラスアルファ、バックフリップも習得したので、この子はどこまで伸び続けるんだろうって——**伸びしろの鬼**ですね！

小林 褒め方へたっくそか！(笑)

吉野 宏一くん、ずっとツッコミ入れたくてうずうずしてたね。(笑)

松村 耀司は氷の外だとけっこう**クール**で、ぼくみたいに変なことはしないです。話もよく聞いてくれるし、かわいい後輩ちゃんです——以上！

—— では、中野さんからは小林さんを。

中野 宏一くんを3つのキーワードでいうと、1つ目は**元気**。

一同 (笑)

中野 いや、理由が1つ1つあるんで。まずは、自分は選手を引退して、去年PIWに入団したばかりですが、リハを1ヵ月みっちりやって、公演を5日間連続でやると、どうしても体が疲れてきつくなるときもあるんですけど。でも、そういうときも12歳上の宏一くんは、ぼくよりずっと動いているのに、なんでまだそんなに動けるんだと思うくらい元気で。体力がある。

小林 でも元気すぎると、誰もついてこなくなっちゃうんですよね。

吉野 スタミナおばけだから……。

中野 2つ目は優しい——というか、**素直**。後輩の自分が言うのはあれなんですが、振付の

誰も見たことが
ないものを作っていく
10年なんて待たずに
来年、再来年にも
叶えていきたい

HIROKAZU KOBAYASHI

©Shoko Matsuhashi

KOHEI YOSHINO

夢物語だったものが
身近なものになってきた

JO MATSUMURA

7人のプロチームだから
歌やセリフもある1つの作品を作れたら

YOJI NAKANO

不安は一切ない
やるしかないチャンス

HIROKI HONDA

競技で見られないことは
ショーでやるべき

ときも、1人1人の意見を全部拾ってくれて、自分の意見を押し通すことは1回もなく、丁寧に親切に話を聞いてくれたので、精神的にも助けられました。3つ目は、やっぱり男らしさですね。自分が入団する前から、PIWを見ていると、やっぱり目立つし、ずっと見ちゃう。踊りにも他の人に出せない雰囲気がすごくあって、いま同じ氷上から見るようになっても、すごくかっこいい。なので、3つ目は**男らしい**です。

── シンプルだけど素敵なキーワードですね。

松村 こういうことだよ。

小林 ここだけ使いましょう。

吉野 他は全カットで!

── まだ大トリが残っていますから。(笑) 小林さん、お願いします。

小林 晃平は、振付に関してもそうですし、すべてにおいて頼りになる。レベルブレードができる前から、ユニットがあったらおもしろいよねって晃平にはいち早く声をかけていて、それぐらい一緒にやっていきたいと思うメンバーの1人でしたね。今回の制作過程でも、いちばん意見交換ができた。だから、キーワードは3つもいらない。1つです。**頼れる男**!

吉野 考えるのが面倒くさくなっただけでしょ!(笑)

小林 いや、でも本当に晃平とはやっと一緒にできるなって思ってるよ。

すべてを
ぼくらの土俵に持ってくる

── このメンバーで、プロスケーターユニットとしてどんなヴィジョンを描いていますか。

本田 やってきたいことの、まず1つは──

一同 バックフリップ!

本田 本当に憧れてたし。メンバー4人で一斉にバックフリップとかはいままでやったことがなかったし、競技で見られないことはショーでやるべきだと思う。たとえばですけど、ぼくが晃平くんをペアリフトするとか。自分ができそうなのは力技の部分なので、そういうのをやってみたいと思ったりはしています。

松村 ぼくは、7人のプロチームだから、ストーリー性のある舞台みたいな、歌やセリフもある1つの作品を作れたらいいんじゃないかな、と。

中野 ほかのまったく違うジャンルとコラボしたり、全然フィギュアスケートとは関係ないものも練習して組み合わせたりして、お客さんをワーッと盛り上げられるようなことはしてみたいです。

吉野 ぼくたちはスケートがチョットデキル程度なので(笑)、ぼくらのスケート技術、プラスアルファで芝居やアクロバットみたいなことになってくると、また面白いものができるんじゃないかなと思います。

── 男性だけのユニットということについては、何か利点はありますか。

小林 言い合えば分かり合えることが多いので、そこはやりやすいかなと思います。本当に

我が道を行くメンバーばかりだし、誰かが行きすぎたら「ちょっと待て。それは違うんじゃない?」と言えるので、7人でバランスがとれてるよね。晃平が言うように、ぼくらは結局ちょっとスケートができるくらいで、なんならスケートで滑るよりも、普段こうやってしゃべっているときにスベるほうが楽なんじゃないかってくらい。

一同 ……。

小林 ね?

吉野 いいスベリだな〜。(笑)

小林 そうでしょ。こっちのほうが得意だからね。

一同 (爆笑)

小林 ──で、ジャンプやスケーティングのスキルを見るなら、オリンピックや試合を見に行ったほうがすごいんですね。じゃあどうすればいいんだろうって、ずっと何年も考えていて。うちらが滑れることを大前提として、いろんなことをこっち側、氷の上に持ってくる。芝居や、踊りもスケートの踊りじゃなくてヒップホップをそのまま持ってくる。見たことないものを作っていく。たとえば「ロミオとジュリエット」

── は、できないか。男しかいねえんだもんな。

松村 じょ、女装……?

小林 (笑)。ただ芝居の世界もそんな甘くないと思うので、もちろんしっかり勉強をしなきゃいけない。芝居あり、歌あり、ダンス、アクロバットあり……そんなショーはいままでにないので。それを目標にして、10年なんて待たずに、来年、再来年と近々で叶えていきたいと思っています。

── 最後にスローガンの反骨心にちょっとかけて、反抗期エピソードを教えてください。

吉野 スケーターのみなさんなら一度は経験しているであろう、コーチと反抗期の選手のやりとりが、「もう帰れ!」って怒鳴られること。ぼくは反抗期のとき「帰れ!」って言われて、本当に帰ったんですね。あとでめっちゃ怒られましたよ。(笑)

松村 ぼくは「ヤダ!」って、絶対帰らなかった。

小林 ぼくはありすぎて何を話していいのか。

吉野 しかもレベルが違う……。

小林 いまでもショーのリハーサルで反骨心がむき出しになることもあるし。

本田 宏一くん、覇王色の覇気が出てるときあります。(笑)

小林 最後は謝るんだけどね。

吉野 耀司くんが言ってた"素直"がここで生きてくるとは。

中野 ぼくは親や先生に対して反抗期はあまりなかったんですけど、最近、宏一くんに対して反抗期があったんです。

松村・本田 お? お?

吉野 (隣同士の小林・中野に)距離空けなくて大丈夫?(笑)

中野 バックフリップの練習をするときに、やったこともないのに、なぜか1人でできるようになるって自信があって、1人で練習していたんです。そのときに宏一くんが優しさでアドバイスを下さったんですけど、全部自分でできるようになりたかったので、正直あんまり声をかけてほしくなくて、練習も宏一くんが見てないときにやってた。でも実際にやる寸前になったらやっぱり怖くなっちゃって。次の日に宏一くんにお願いして補助していただいたら、その日のうちにできるようになりました。周りの助けがなかったら、できるようにはなっていなかったし、大ケガしていたかもしれないので感謝しています。反抗期はその時期、宏一くんに対してだけでしたね。

小林 反抗心というよりはゾーンに入っちゃっていて、声が届かない感じだったよね。だから、大ケガする前に恐怖心が勝ってくれてよかったよ。でも、ここまでのポテンシャルを持った人間はしばらく出てこないんじゃないですか。こんな感じのメンバーでやっていますが、最終的には、レベルブレードのアイスショーを有名テーマパークと並ぶレジャーの選択肢になるくらいにしていきたいと思っていますので、よろしくお願いします!

── 今後の展開も楽しみにしています。本日は、ありがとうございました。

取材・文：編集部　Text by World Figure Skating

野澤孝智
TAKATOMO NOZAWA

スケーターから
エンターテイナーへ

レベルブレードをサポートするのは、SMAPなど
多くのアーティストのプロデュースを手掛けてきた野澤孝智さん。
ヒットメーカーが見た彼らの可能性とは？

1960年、東京生まれ。武蔵野音楽大学を卒業後、1984年ビクターエンタテインメントに入社し、07年に独立。SMAP、関ジャニ∞、フェアリーズら多くのアーティストのプロデュースや映画音楽を手掛ける。

©Shoko Matsuhashi

—— レベルブレードのプロデュースを担当することになったきっかけから伺えますか。

野澤 番組の総合プロデューサーから突然電話がかかってきて、スケートのプロジェクトをドキュメンタリーで追うから "強面のプロデューサー役" で出てくれないかと声をかけられたのがきっかけです。最初は音楽を担当することも決まっていなかったんですが、やり始めるとぼくも口を出してしまってね。（笑）プロデューサーとは20年来の付き合いなので、こちらのそういう性格も知られていて、こうなることもわかっていたんでしょうね。いまやど真ん中に入ってしまいました。

—— レベルブレードのどこにいちばん惹かれましたか。

野澤 いちばんは彼ら自身です。現状に満足していなくて、どこかへ飛び出したいという気配みたいなものを感じました。アスリートということもあって、夜通しのリハーサルでもほとんど休まずにやっていける基礎体力がある。小さいころから振りを自分の体に入れて表現するということをやっているので、指摘に対する理解度も高く、成長は圧倒的に早いと思います。考え方もフラットで、自然体ですよね。

—— 実際に一緒にやってみていかがですか。

野澤 スケーターをプロデュースしたことはないですが、シンガーはたくさん見てきました。売れるかどうかは、人が感動するかもしれない何かがあるかどうか。レベルブレードには、その可能性がすごくあると思った。彼らは小さいときから氷の上で泣いたり笑ったりしてきたんですよね。勉強や遊びの時間を割いて、悔しい思いもたくさんしてきた。氷が固くて冷たい分、リンクに立つと彼らのそういう時間や思いが伝わってきたんです。オリンピックに行け

るのはほんの一握りで、行けなかった人たちがスケートを続けていくための選択肢が限られていることも、また悲しくて。だったら、エンターテインメントに特化してやってみればいいんじゃないか、と。番組から始まったけれど、活動は続けてこのユニットでヒットすることを目指したらと提案したら、彼らは絶対にやりたいと団結していました。

—— 彼らがエンターテインナーになっていくために必要なことは？

野澤 氷上に出てきた瞬間からエンターテインメントは始まっているわけだから、氷上にいる間は "舞台から降りる" 時間があってはいけないんです。たとえば難しい技をやる前の助走すらもエンターテインメントになってないとだめ。逆に、試合では転倒で減点されますが、エンターテインメントでは減点はないから、転倒したあとにどう自己演出するかによっては、挑戦して転んだ姿からも感動は生まれるんです。フィギュアスケートはクラシック音楽やバレエに通じる部分があって、芸術性も高い。でも、もうちょっと手の届くところに降りたフィギュアがあってもいいと思うんです。彼らはREBEL BLADE。反骨しているんだから、そういう枠組みは全部壊していけばいい。フィギュアファンの方たちから「何やってんの？」と言われるくらいのことをやっていかないと、周りの目には違うようには映りません。彼らはスケーターとしては間違いなく素晴らしいけれど、これからはスケート靴を履いたエンターテイナーになっていかなければいけないわけですから。ただ、ベーシックなスタイルに対してNOというのは違う。いまあるものにリスペクトを持ったうえで、自分たちの新しい道を主張していかないとかっこ悪いよ、という話はしています。

—— 新作プログラムの楽曲も、野澤さ

んが手掛けられました。

野澤 彼らが考えた反骨のコンセプトに合わせて、音楽は50'sやロカビリーがいいんじゃないかということになった。テーマにした「ウエスト・サイド・ストーリー」は、クラシカルな音楽やバレエに不良の要素を当てていく、まさに反骨ですよね。このあたりの音楽はKENTO'Sみたいに何十年も同じ場所にハコがあって、ずっと同じ音楽をやり続けている。そこへお客さんのほうからやってきてもらう。そういう考え方もあるわけです。スケートでも、365日使える小屋があって、そこへ行けばレベルブレードのショーがいつでも見られるとなれば、彼らは365日スケートをして生きていける。チケットも2万円のかぶりつきで見られる席と、3千円で手軽にみられる席を作れば若い世代も取り込める。そういうところへ到達したいと思っています。

—— その第1歩としての初パフォーマンスをご覧になっていかがでしたか。

野澤 ぼくは5月4日に彼らの最初の作品の完成形を見て、涙しました。その場にいたスタッフも終わったあとに全員泣いてましたね。これまでずっとメインになれなかった、オリンピック選手になりたかったけどなれなかった、そういう彼らの中にあるモヤモヤが全部パフォーマンスに出ていたんですよ。だから、感動した。こんどは、これを毎回出さないといけない。ミュージカルや芝居仕立てのショーをやるのもいいし、そのためには勉強も必要。そのなかで、個人で映画やバラエティーに引っ張られて、スケート以外のお客さんをリンクに連れてこられるようにもなってほしいですね。例えばの話ですが、ぼくらはそこまで考えています。ちょっと熱く語ってしまいましたが、このプロジェクト、成功したらすごく面白いですよ。

取材・文：編集部　Text by World Figure Skating

REBEL BLADE

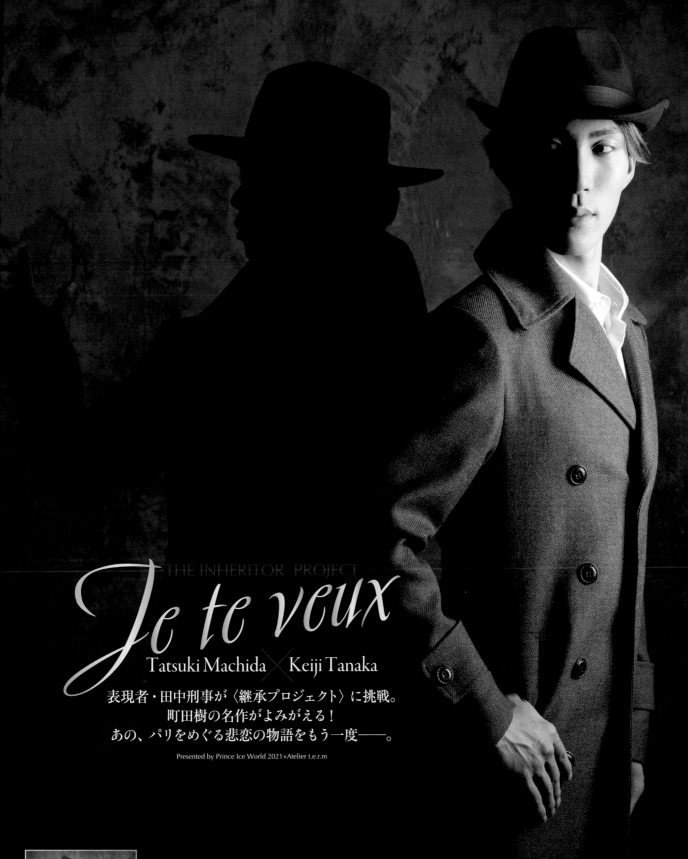

THE INHERITOR PROJECT
Je te veux
Tatsuki Machida × Keiji Tanaka

表現者・田中刑事が〈継承プロジェクト〉に挑戦。
町田樹の名作がよみがえる!
あの、パリをめぐる悲恋の物語をもう一度──。

Presented by Prince Ice World 2021×Atelier t.e.r.m

現在、國學院大學助教を務める町田樹さんが新たに立ち上げた〈継承プロジェクト〉。このプロジェクトの第1弾として、町田さんが2014年に振付けた作品「Je te veux」を、田中刑事さんが継承し、5月のプリンスアイスワールド横浜公演で披露し、大きな話題となりました。8月の大分公演もご期待ください。

Photo by Shoko Matsuhashi

町田 樹 Tatsuki Machida

1990年3月生まれ。現在、國學院大學人間開発学部助教を務
める。2020年3月、博士（スポーツ科学／早稲田大学）を取
得。専門は、スポーツ＆アーツマネジメント、身体芸術論、ス
ポーツ文化論、文化経済学。フィギュアスケートの競技者とし
て、2014年ソチ・オリンピック5位入賞、同年世界選手権準優勝。
2014年12月に競技を引退後、研究活動に励むかたわら、プロ
スケーターとして自作をアイスショーで発表。2018年10月に
プロを完全引退した。2021年春、長年構想していた〈継承プロ
ジェクト〉を本格始動させ、大きな話題を呼んでいる。

Cross
スペシャル

町田 樹
Tatsuki Machida

アイスショーへの

自身の振付作品を他のスケーターが滑り継ぐ
「Je te veux」(2014) をプリンス
新たな可能性を切り拓く2人の

田中刑事
Keiji Tanaka

情熱を分かち合う

〈継承プロジェクト〉を立ち上げた國學院大學助教の町田樹。
アイスワールド横浜公演で披露した田中刑事。
チャレンジを振り返ってもらいました。

Keiji Tanaka　田中刑事
1994年11月22日生まれ。2018年平昌オリンピック代表。2017年～2019年世界選手権出場。正統派スケーターとして第一線で長らく活躍するとともに、さまざまなナンバーで独自の世界観を築き上げている。2021年5月のプリンスアイスワールド横浜公演では、町田樹の振付作品「ジュ・トゥ・ヴ」に挑戦し、表現者としての成長を印象づけた。8月7、8日の大分公演（別府ビーコンプラザ）での再演が予定されている。　https://gakuon.co.jp/piw2021beppu/

田中刑事の「ジュ・トゥ・ヴ」を

―― プリンスアイスワールド（PIW）横浜公演において、町田樹さん振付・初演の「ジュ・トゥ・ヴ」を田中刑事さんが滑る「継承プロジェクト」が実現しました。まず、画期的な企画を終えてのご感想を伺えますか。

田中 ぼくはゲネプロ（通しリハーサル）から本番だという気持ちでやっていました。当然滑る前は緊張するので、ゲネから緊張感をもってやったほうが、緊張を一度味わった状態で本番に出られると思っていた。いつもと違ったのは、事前に情報発信をたくさんしたことで、「継承プロジェクト」としてこの作品を出すにあたって、すごく注目されている状態が作られていたこと。でも、町田さんが一から教えてくれて、たくさん勉強になったので、変な不安はなく、いい緊張感だけで臨めました。

町田 ゲネプロで、照明の下で衣装をバッチリ着込んで田中さんが滑っているのを見て、合宿期間中よりもさらに洗練された姿に感慨深いものがありました。コロナ禍でプロジェクトが1年延期になり、田中さんも怪我があって本当に過酷なシーズンを過ごしたし、私も本当に大変な1年だったなかで、それをひっくるめて、去年ではなく今年に延期してよかったんだ、2020年より2021年の田中刑事の「ジュ・トゥ・ヴ」のほうが素敵になったんだと確信が得られました。1年間の我々の頑張りが全部報われた感じがして、振りを受け渡すという自分の役目が終わった感慨に浸っていました。ゲネから演技も素晴らしく演じきっていて、明日から心配なく1オーディ

エンスとして楽しめばいいんだという思い
でした。田中さんが優秀勤勉だったので、
私は少し背中を押すことしかやっていな
い。彼が主体的、積極的にこのプロジェ
クトに臨んでくれたからこそ、作品が成就
したんだと思います。全公演を無事に終
えて、田中さんにはただただ感謝しかあり
ません。

田中 でも、ゲネプロのあと、思い描い
ていた動きができなかったところなどを指
摘していただいて、ぼく自身本番に向け
てブラッシュアップできた。理想とした動
きはぼくとしてもできていない部分があっ
て、そこをしっかり見抜いていただいたの
で、毎日本番を通して洗練させていくこと
ができました。どんどん濃厚になっていく
んだというのは感じられましたね。（笑）

町田 期間中、私も新横浜に滞在してい
たのですが、勤務先の大学がゴールデン
ウィークも授業期間中だったので、大学
に出勤したりリンクに行ったりという生活
でした。たしかに細かい指摘や調整はあっ
たのですが、でも大部分は田中さんに信
頼してお任せするというスタンスだった。
ですから、昼間は安心して授業ができま
したし、仕事終わりには「1日の仕事が終
わった、じゃあ田中さんの演技を楽しもう」
という気持ちで、リンクに通っていました。

―― 町田さんは、公演に先立って、振付
は継承するけれども、田中さん自身の「ジュ・
トゥ・ヴ」を演じてほしいとおっしゃっていま
したね。

田中 振付も、入っているジャンプも町
田さんの初演と一緒なので、自分の個性
を出すのはのちのちそうできればいいと
いう感覚でした。振付と作品世界を自分

3月下旬、合宿で「ジュ・トゥ・ヴ」の練習に取り組む2人。KOSÉ新横浜スケートセンターにて
© Manabu Takahashi

左右頁「ジュ・トゥ・ヴ」の氷上練習にて　Photos © Manabu Takahashi

のなかに入れ込んで、それを意識してやろうと思っていたので、ぼくらしさを出そうという気は一切なく、練習してきたバレエを意識しながら動いていた感覚ですね。登場人物はパリにいる男性ですが、町田さんが設定した年齢を自分でちょっと変えてみたくらい。だから演技を見たお客さまの感想の違いが、ぼく自身このプロジェクトをやってきた意味であり、面白いところでした。同じ振付でも見られ方によって違うというのは、ぼくが望んでいた答えだったかなと思います。

町田　予想以上にいろいろなご感想をいただき、観客のみなさまからも、メディアの方々からも注目していただいた。多くの人の興味関心を惹きつけたという意味で、田中さんは十二分以上に結果を出されたと思います。中心軸となるストーリーのアウトラインだけは私たちで共有していましたが、どう作り込むかを意識せずとも、そもそも私と田中さんのバックボーン、生きてきた軌跡が違うので、これは推測でしかないけれども、私も私なりの恋愛を経験してきたし、田中さんにも彼の人生があって、それらを経た人間が演技をすれ

ば、おのずとそこに個性が宿ると思うんですね。肩肘張らず、でも真摯にこの作品に向き合ってくれたからこそ、素敵な演技になったのではないでしょうか。このプログラムは演劇的な要素が入るので、自分を抑え込むのが大事なんです。帽子やタバコなどを用いてパリの男性を演じているなかで、ちらっとでも素の町田樹や素の田中刑事が見えた瞬間に、お客さまは冷めてしまいます。ですから田中さんには徹底して、氷上では一切素を出すなと言ってきました。そもそも田中さんは何かに憑依して物事を表現するタイプのスケーターではないと思っていたのですが、何年か前、「ジョジョ」のプログラムで身なりからなりきって踊っている姿を見たときに、初めて氷上の人物が田中さん以外の何者

町田樹

かに見えた。田中刑事が田中刑事から逸脱して、何かに憑依して踊っていた。その瞬間に、憑依型のスケーターにもなれる逸材なのだと気づいたわけです。それが、「ジュ・トゥ・ヴ」のパリの男性をうまく演じてくれるのではないかという確信に変わりました。感想で印象深かったのが、「本当にパリに来たよう」「田中さんが演じている時間だけ、スケートリンクが異次元の空間になっていた。横浜のPIWに来たけれども、そこからいい意味で分断された、独立したパリの世界が広がっている」というような感想を多くいただいて。それはひとえに田中さんに作品世界を氷上でビジュアライズする力がついたことを物語っているのだと思います。

田中 ぼくひとりで組み立てたものじゃな

く、過去に町田さんがしっかり組み上げた作品で、しかもこの作品を通していろんなことを教わって、しっかり準備して演じることができたので。託されているという気持ちをもちながら滑ることができたので、とてもありがたかったです。

町田 今回の「継承プロジェクト」は、メディアミックスでプロモーションをかけました。プログラムを披露する前に新書館さんにも協力してもらってビジュアルを撮影してリリースしたり、テレビ東京さんとコラボしてYouTubeで舞台裏を発信したり。ある程度は注目度がついてくると思っていたけれど、想定していたより2倍、3倍はすごいことになりましたね。私が田中さんの立場だったら、逃げ出したくなるかもしれないくらいの注目度だった。でも彼

はさすがに修羅場を越えてきたアスリートで、私が「大丈夫?」と聞いても、「はい、大丈夫です」と淡々と力強く進んでいた。心臓が強いなと感心しました。それを見て私も見習わないと、と思いました。(笑)

田中 メディアに先に発表されて演技すること自体これまでなかったので、なかなかの緊張でしたけど、ぼく自身は試合

田中刑事

田中刑事「ジュ・トゥ・ヴ」(プリンスアイスワールド 2021 横浜公演) © Manabu Takahashi

だろうがエキシビションだろうが、等しくめちゃくちゃ緊張するんですよ。たぶん更衣室にいる男性スケーターならわかるけど、ぼくはどんなに小さなイベントでも、「緊張する、緊張する」って言ってる。ぼくは自分がそういう人間だと自分でちゃんと理解していて、どんな演技前でも絶対緊張するとわかっているので、そこにそれ以外のプレッシャーを持ち込まないということが最近できるようになった。そういうメンタルの使い方は、こういうところでも発揮できるんだと気づきました。もちろん緊張していたので、それを「これからデートに行くんだ」という緊張感に置き換えて、最初に暗転して曲が鳴るまでを、そういう余韻に浸っていました。

町田 演技に対する緊張感以外のものを遮断できる技術を身につけたということですよね。これは経験や場数がないと無理。オリンピックや世界選手権、いろいろな

町田樹

アイスショーに出てきた田中さんだからこそ、そのような自己マネジメントができたのではないでしょうか。

田中 もともと、プレッシャーなんて知ったこっちゃないという気持ちで試合をしたい、という思いから始まっているんです。ぼくの試合だし、たとえ失敗しても全部ぼくの責任で、ぼくのやっている範囲でこなさないといけない。だからこそ誰かのプレッシャーで左右されたくない、全部吹っ切って、ぼくのものとしてやりたいという思いがここ数年強くなっていた。今回で言うと、町田さんの期待をいったん取り込んで、でもそれを本番にもっていかない。もちろん背負ってはいるんですが、それをパワーにしようとはしない。ぼくの性格上パワーにならないのがわかっているから。もちろんプレッシャーをパワーに変える選手もいるんですけど、ぼくには合わない、つぶれるなということが最近のぼくはわかってきた。だから演技には持ち込まず、その時間の緊張感だけで臨もうと思っていました。緊張感の使い方を整えてきたら、こういう感じになったんです。

さまざまな刺激を受けて

―― 3月下旬に行った町田さんとの合宿期間中は、1日に何か1つは舞台芸術の作品を

田中さんは見ていたそうですね。

田中 ぼくがいちばん「これだ！」と思ったのは、町田さんと一緒に見た世界選手権なんですね。毎日バレエや日本舞踊を見て、「さあ、どうする？」というクエスチョンがぼくに返ってきていたんですけど、そのあとで見た世界選手権がいちばんすとんと入ってきました。男子のフリーで、ロシアのミハイル・コリヤダ選手が滑ったバレエをモチーフにしたプログラムに惹かれてしまいましたね。合宿で身につけたバレエの使い方の答えであり、彼のあの領域がいちばん近いなという感覚が芽生えた。

町田 私が「見よう」と誘って、一緒に見たんですよ。誰であっても、いい作品を見ると刺激になりますよね。いいものを見たり触れたりすると、自分もがんばろうと思えるし、自分が相対化されていろいろなことに気づかされる瞬間に出合うことができます。そういう瞬間を田中さんにもできるだけ経験してほしかった。「ジュ・トゥ・ヴ」のモチーフである写真「パリ市庁舎前のキス」を撮ったロベール・ドアノーの写真展に始まり、Kバレエカンパニーの舞台や藤間蘭黄さんの日本舞踊、ダウンタウンのコント番組まで共に観ました。たとえば日本舞踊なら「見立て」という表現行為はスケートにも活かせるし、バレエ

田中刑事「ジュ・トゥ・ヴ」(プリンスアイスワールド2021 横浜公演) © Yazuka Wada

田中刑事「ジュ・トゥ・ヴ」© Manabu Takahashi

の「カルミナ・ブラーナ」は、演じる際の身体の動かし方、様式に応用できる。ダウンタウンのコントは不測の事態が起こった時にいかに即興でその場を乗り切るかということを教えてくれます。世界選手権は、やはり田中さんはスケーターなので、最終的にはスケーターから刺激をもらってほしかったということがあります。一方では若干複雑だったかもしれないですよね。昨季は代表になったにもかかわらず、コロナで大会が中止になってしまって、今季は惜しくも出場が叶わなかった大会。でも、彼がスケーターとして持っている技術は、いま世界のトップレベルで戦っている人たちと水準的には変わらない。たとえばコリヤダやジェイソン・ブラウンといった個性豊かなスケーターたちは、技術的には田中さんと変わらないか、もしくは彼のほうが優れた技術もある。だけど彼らの輝きは、1つのプログラムを命がけで完成させよう、4分間で完成させて届けるのだという思いで氷上に立っているからこそのことだと思います。日々の練習で、ジャンプだけではないさまざまな努力をして競技に向き合っていることが、彼らの演技からはひしひしと感じます。そういう話もしたりしながら、刺激になればと思って一緒に見たのですが、いまの質問に何を答えるかな、ドアノーかなと思ったら、世界選手権と言ってくれたので、ああよかったと。(笑)

―― コリヤダ選手は副鼻腔炎の持病で1年休んで、また復帰してきましたね。どんなところがいちばん気になりましたか。

田中 休んでいたのも知っていたんですけど、そんな素振りを一切感じず、4回転は1種類でも、見ごたえが落ちるわけではなく、やっぱり所作が綺麗すぎて、ぼくもバレエやいろんな作品を見て刺激を受けていたからこそ、彼の演技がもっと素敵に見えたということもあったと思います。彼はバレエ的な動きをやっているからこそ、小粋な動きでも魅せますし、合宿中にぼくがやっていたものをお手本のようにやって見せてくれた現役スケーターで、これを目指したいと思える具体的な像だった。バレエを踏まえ、技術も備わっていて、ジャンプも綺麗。フィギュアスケートとしてすべてが揃っている感じがして、見ていて気持ちがよかったですね。

町田 ポール・ド・ブラ(バレエの腕の運び)から始まり、足のポジション、舞台に対してどういう角度にもっていけば自分の身体が立体的に見えるのかという位置取り、そうしたバレエの基本的な理論は合宿中に全部伝えたので、コリヤダ選手のような演技を見たときに、背景にある努力や意識がわかったはずです。美しさを構成

するためには無自覚ではなく、明確に意識をしないと、そこには至らない。でも理論は教えたので、いまの田中さんなら努力すればそこに近づけるし、より高い次元にも至ることができると思います。

―― このプロジェクトはPIWのための企画ということですが、今後また見られるチャンスは?

町田 PIW限定ではありますが、横浜公演限定ではないです。田中さんは8月のPIW大分公演への出演も決まって、「ジュ・トゥ・ヴ」を再演することになったので、作品の深化が見られるのではと期待しています。また、ちょうど昨日PIWの実況解説の収録をしてきたのですが、田中さんの演技映像もとても美しい映像作品に仕上がっている。表情も所作も洗練されて、テレビの前でも「ジュ・トゥ・ヴ」の作品世界を堪能できると思いますので、ぜひ映像を通してより多くの方々に楽しんでいた

田中刑事

田中刑事「ジュ・トゥ・ヴ」(プリンスアイスワールド2021横浜公演) © Shintaro Iba

だけたらと思います。テレビ東京のディレクターさんの心意気で、7年前にオンエアされた私の演技映像とほとんど同じカット割りで収録しているので、その意味でも面白い映像作品に仕上がっています。

作品を継承する考え方を伝えたい

—— 田中さんはこの春に開催された3つのアイスショーすべてに出演されました。ハードな日々でしたね。

田中 最初の「スターズ・オン・アイス」は、PIWに向けて緊張しすぎていたこともあって、すでに滑りこんでいるショートプログラムをしっかりと演じるということに集中していました。「Hip Hip Chin Chin」は滑り納めでしたし、最後に楽しく滑りきろうという思いでした。そこからPIWに向けて横浜に数日早めに入って、最後に本番のセットのなかでしっかり見せられるものに仕上げようという意識だった。1つ1つの段取りを町田さんにしっかり決めていただいて、順調にゲネプロ、本番と踏めました。PIWの5日間10公演は長いんですけど、終わってみると……いや、やっぱり長かったですね。(笑)こんなに濃密な5日間を過ごせることはないと思うんです。試合は2日で終わるものですしね。ぼくの感覚としては、ぼく自身の心情は別にしても、全公演同じ完成度のものを、しっかりと毎公演提供しないといけないという気持ちでした。いいプログラムにしたいという思いが強かったので、その意味で1公演1公演が長く感じられた。この作品をもっと滑りたいという気持ちを確認して、横浜公演を終えました。その次の日に新潟に行って、「LUXE」の振付に入った。「氷艶」のメンバーも初めましてだったので本当に緊張していたんですけど、スケーターはもちろん知っている人しかいないし、俳優さん、ダンサーさん、歌手の方などみなさんすごくフレンドリーに接していただいて、すぐに馴染ませてもらえた現場でした。新潟で振付を覚えて、その2日後からまた横浜に8泊くらいして、「LUXE」の本番を迎えて。「LUXE」は髙橋大輔さんの背中を追った場だったので、なんというか、2人の先輩からいろんなものを教わった期間でしたね。

—— 町田さんは初めて本格的に振付を伝えるという仕事をされて、どんな面白さや手ごたえを感じましたか。

町田 自分自身で振付をして、それを自分で体現し完成させることとはまったく別の喜びがありました。合宿中に振付指導をさせていただいたのですが、まずは

田中刑事「ジュ・トゥ・ヴ」(プリンスアイスワールド2021 横浜公演) © Yazuka Wada

「7年前の自分の演技をそのまま伝えればいいかな」と思って指導していた。たとえば、最後のストレートラインステップが終わって男が振り返るところは、スカーフを隠すように振り返ったほうがいいと思って伝えていたのですが、改めて自分の演技映像を見直したら、実際には7年前の自分はそれができていなくて、もっとサラッとした動作だった。その時、「ああそうか、7年前と同じつもりで指導していたけれど、私のなかでも新たな動きの解釈や、別の観点が自然と芽生えていたんだな」ということを実感しましたね。自分の記憶のあいまいさを実感したと同時に、私自身も「ジュ・トゥ・ヴ」という作品の動きに対して、この7年でバレエをがんばってきたということもあって、改善点や新解釈が自然に湧き出していたのだと気がついた。それ

は不思議な体験でした。自然と自らの内に動きの新解釈が立ち上がってきたのか、田中さんの姿から引き出されたのか、たぶん両方だと思うのですが、これが他者に振付を伝える面白さなのだと感じました。あと、田中さんには「素を見せるな」と厳しく指導したのですが、実はそう偉そうに言う私自身は当時たくさん素を見せてしまっていました。(笑)PIWはゲストの名前がスクリーンに映るので、その間にスケーターは少し足慣らしがしたいものなんです。7年前は私も動作確認をしていました。でも、3階席からの俯瞰で見ていると、スクリーンの映像の光で結構明るく、氷上のスケーターをうっすらと視認できてしまうことに気がつくわけです。そのような中で、スケーターが準備運動をすると一気に素が見えてムードが台無しになり

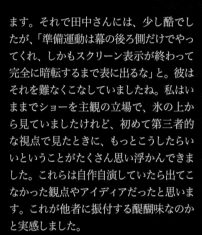

ます。それで田中さんには、少し酷でしたが、「準備運動は幕の後ろ側だけでやってくれ、しかもスクリーン表示が終わって完全に暗転するまで表に出るな」と。彼はそれを難なくこなしていましたね。私はいままでショーを主観の立場で、氷の上から見ていましたけれど、初めて第三者的な視点で見たときに、もっとこうしたらいいということがたくさん思い浮かんできました。これらは自作自演していたら出てこなかった観点やアイディアだったと思います。これが他者に振付する醍醐味なのかと実感しました。

── 「継承プロジェクト」の第2弾はありえるのでしょうか。

町田 今回、メディアミックスでこのプロジェクトを社会発信させていただいたのですが、「表現者・田中刑事に注目してほしい」とは思っていましたが、私たちAtelier t.e.r.mの活動だけをアピールする意図はなかったんです。私たちのこの「継承プロジェクト」の考え方を広く発信して、同じような試みがいろんなところで見られるようなフィギュアスケート界になればという願いで、プロモーションを行いました。一つの作品を異なるスケーターが演じるという試みが業界全体に波及してくれたら嬉しいです。

── 今後、町田さんのまったくの新作振付を見るチャンスはありそうですか？

町田 どうでしょう。それも全部ご縁なのでわかりませんが、私はショースケーターとしては引退しましたけど、振付をする者としては引退した覚えはないので（笑）、もちろん創作活動はつづけていきたいと思っています。皆さんはもしかしたら私のことを、すごく厳しいのではないかとか、要求のハードルが高いのではないかと思われるかもしれませんが、決してそういうことはないんです。もちろん「ジュ・トゥ・ヴ」でしたら、3ルッツや3サルコウ

を難なく跳べる技術がないとやはり演じられないのですが。私は田中さんとかつてリンクメイトでしたけれど、今回作品を受け渡したのは、私と田中さんが友だちだから、先輩後輩だから託したわけではなくて、田中さんが「ジュ・トゥ・ヴ」を素晴らしく体現してくれると確信したから。最も大事なのは、純粋に作品とスケーターの相性です。技術はもちろん大事ですけれど、作品にこの身を捧げるというような精神を備えたスケーターであるかどうか、かつ作品もそのスケーターの魅力を最大限引き出せるかどうか、という作品とスケーターの関係性が重要だと思います。あとはアイスショーにどれだけ情熱を注げるかということです。たとえば、大会で優勝したいとか、ジャンプが跳べるようになりたいというようなことが、現役選手のおもな練習の動機だと思います。でも、アイスショーへの並々ならぬ情熱があるスケーターなら、この作品を演じるためにはこうあらねばならない、こういう技術や表現力を磨いて、手に入れなければならないという、また別の練習の動機が生まれるはずです。試合をモチベーションにするのは尊いことですけれども、一方では作品のために練習するという意識改革も必要だと思います。

田中 言われたことも、厳しいとは思わなかったですよ。当然だなと思うことが多くて。その理由としては、町田さんの現役の姿も見てきたし、プロスケーターとして真摯に向き合っている姿勢も、ぼくはゲストとして共演しているころから見ていたので、やはりこれがプロスケーターのあるべき姿だな、ぼくもこういう姿勢で臨みたいというのがすごくあったからだと思うんですね。そこから始まっているので、指導を受けていても厳しいなとかこれは違うとかいうことがなくて、この姿勢があるからこそ、あの背中をしていたっていうことが改

田中刑事「ジュ・トゥ・ヴ」（プリンスアイスワールド2021 横浜公演）© Yazuka Wada

家事をきっちりこなしていると思ったかもしれないですが、普段は全然そんなことなく。むしろ余所行きの顔をしていたかもしれない。（笑）

—— 今回の「ジュ・トゥ・ヴ」を上回る8分、10分という作品を町田さんは滑っておられましたけれども、田中さんは「ジュトゥ・ヴ」を滑ってみて、そういう作品を演じていた町田さんについてはどう思いましたか。

田中 単純にやばいと思いました。（笑）今回は3分50秒ですけど、本番中も「あれもしなければ、これもやらねば」ということがいろいろあって、3分50秒でもたくさんやることがあるのに。惹きつける時間をそれだけ長く滑れるのは、その分技術もないとダメですし、惹きつけつづけないとダメな作品なので、そういう難しさを体現しているのはすごいなと思います。

町田 でも、田中さんも最初こそジャンプを集中しているかなと思いましたけれど、回を重ねるごとにいい意味での余裕が出てきて、その余力のところでこんなふうにパリの男を演じてみようというクリエイティビティが働くわけですよね。毎日見ていたので、千秋楽に向けて表現の部分が深化して行ったのが手にとるようにわかりました。

—— 町田さんの振付作品映像集としてBlu-ray「氷上の舞踊芸術」を小社から出させていただいたのですが、映像集に収録された町田さんの「ジュ・トゥ・ヴ」を見直すのもまた面白いですよね。

町田 フィギュアスケート作品を映像で残すことは大変だと痛感しました。まだ権利の壁はあまりにも高い。でも、こうして再演という行為によってもフィギュアスケートの作品は継承できる。いろいろなハードルを越えて映像としてアーカイブが出せたことは幸せですが、一方では人を介した再演によって、作品が深まりながら次世代に継承されていくというアーカイブ方法もある。そのことを広くお伝えしたいです。

—— 田中さんは、このあといよいよ競技シーズンが始まります。

田中 この期間にいろいろと蓄えたので、この位置から、自分が今シーズン滑るショートプログラムとフリーがどういうものになるかというプレッシャーを、自らに与えていかないといけない。今後の滑り込み次第でどう変えていけるかというのが、ぼくの今シーズンの挑戦かなと思います。

—— さらなる進化を期待しています。今日はありがとうございました。

（2021年5月下旬、オンラインにて取材）

取材・文：編集部 Text by World Figure Skating

めて認識できた。あの姿になりたいという憧れがもともとのきっかけで、プロスケーターのころは見ているだけでしたが、今回は改めて言葉にして全部教えていただいたので、なるほどやっぱりそうだったという納得が深まった感じでした。

町田 私がプロスケーターとして活動していた時期からはPIWも世代交代していて、今回ショーを俯瞰で見ながら時の流れを感じたんです。こうやって1つのカンパニーは継承されていくのかと。自分が活動していたときは、田中さんはアイスショーの世界のニューフェイスでしたが、いまや彼はアイスショーの世界を牽引していくべき立場に変わっていますよね。だからこそ、合宿期間を通じて口うるさくいろんなことを言ったかもしれないけど（笑）、それは全部アイスショーを牽引していく演者のひとりとしてこうあってほしいという思いがあってのことです。

—— 合宿で長い時間を一緒に過ごして、お互いに何か新しく発見したことはありますか。たとえば得意料理はこれなんだなとか、そんな小さなことでも。

町田 たぶん田中さんのほうが気付きがあったかもしれません。8日くらい一緒に寝泊りしましたけど、田中さんは私が思った通り几帳面で、何もイメージは変わらなかった。

田中 朝が早いときがあったんですけど、ぼくより早く起きて朝ご飯作っていましたね。いつ寝ているのかなっていうのはありました。練習は午前中で、すごくハードスケジュールだったと思うんですけど。

町田 いや普段の私生活はもっと適当ですよ。（笑）やはりそこは、現役選手である田中さんを預かる者としてはしっかりやろうと思って8日間迎え入れたので、たぶん

田中刑事「ジュ・トゥ・ヴ」(プリンスアイスワールド 2021 横浜公演) © Yazuka Wada

Bloom
京都宇治から

4月24、25日、木下アカデミー設立1周年を
宮原知子、島田高志郎らとアカデミーの

島田高志郎 © Kiyoshi Sakamoto

本田ルーカス剛史 © Kiyoshi Sakamoto

出演者全員によるフィナーレ。バディントンも登場 © Kiyoshi Sakamoto

宮原知子 © Kiyoshi Sakamoto

三浦璃来＆木原龍一 © Kiyoshi Sakamoto

on Ice

吹く新しい風

記念して開催された「ブルーム・オン・アイス」で、
スケーターたちがみずみずしい演技を披露した。

南
[South]

島田麻央 © Kiyoshi Sakamoto

柴山歩 © Kiyoshi Sakamoto

グループナンバー「This is Me」© Kiyoshi Sakamoto

野球のグループナンバー。ペアの櫛田育良＆森口澄士　　快音を響かせた朝賀俊太朗

河辺愛菜

森本涼雅

芳岡優希

金沢純禾

中村俊介

濱田美栄がゼネラルマネージャーを務める木下アカデミー設立1周年を記念して、京都府宇治市でアイスショーが開催された（4月24、25日、木下アカデミー京都アイスアリーナ）。タイトルは「ブルーム・オン・アイス」。文字どおりこれから花開いていく（Bloom）次代を担う若きスケーターたちの成果発表の場となるとともに、観客の前で演技をする経験が成長につながるという試み。ゲストで宮原知子、島田高志郎、三浦璃来＆木原龍一が出演。緊急事態宣言のため、2日目は無観客のライブ配信のみとなったが、初日は感染予防対策が講じられた中、熱心なファンたちが来場し、若い才能のパフォーマンスを見守った。

第1部は、オープニングに続いて、金沢純禾、芳岡優希、鈴木華乃、森本涼雅とフレッシュな顔ぶれが次々に登場し、アカデミーの明るい未来を印象づけた。次の野球モチーフのグループナンバーは、全員がユニフォーム姿で登場、実際に氷上でボールを投打する場面も盛り込まれたユニークな演出。朝賀俊太朗をはじめ、ペアの櫛田育良＆森口澄士、本田ルーカス剛史、中村俊介らに、田村岳斗、佐藤洸彬とコーチ陣も加わって、エキサイティングで心温まる楽しいプログラムだった。

ローリング・ストーンズのナンバーで盛りあげた全日本ノービスアイスダンス優勝の來田奈央＆森田真沙也、「Hot N Cold」で元気な花嫁を演じた柴山歩。第1部の最後は関西シンクロLOVERSのシンクロナイズドスケーティングの迫

力あふれる演技で締めくくられた。

第2部は、本田ルーカス剛史、吉田陽菜、河辺愛菜、森口澄士、柴山歩、島田麻央の6人によるグループナンバー「This is Me」からスタート。フープで五輪を表現する趣向がもりこまれるなど、才能ひしめく選手が集う木下アカデミーを象徴するような演出だった。

大門桜子のタンゴ、本田ルーカス剛史「Katchi」に続き、ISU非公認ながら3月の国内大会で4回転トウループを日本女子で初成功させて話題を集める島田麻央が登場。この日も4回転に挑戦し、惜しくも転倒したものの、果敢に攻める堂々とした姿勢がたのもしい。ペアにも取り組む森口のソロナンバー、吉田の元気はつらつとした「Shake it Off」に続き、島田高志郎はランビエル振付の新SP「Giving Up」で大人の悲恋を全身でせつなく歌い上げた。河辺愛菜がしっとりとした「Flower」で新境地に挑んだあとは、世界選手権10位の三浦&木原ペアが氷上へ。この1年で大きく成長を遂げた2人は、SP「ハレルヤ」の自信に満ち溢れた滑りで魅了した。

そしてトリは地元京都出身の宮原知子。披露されたのは、ジェフリー・バトルが振付けた新しいSP「Lyra Angelica」。クラシカルなメロディーと戯れながら、繊細にステップを紡いでいく宮原。世界レベルの美しい滑りに目が釘付けになった。

グランドフィナーレでは、「WAになって踊ろう」に乗って、出演者全員と観客がひとつになり、ショーは締めくくられた。

文：編集部　Text by World Figure Skating

鈴木華乃

大門桜子

吉田陽菜

村上遥奈

来田奈央&森田真沙也

アリーナ・ザギトワ © Alexandr Mysyakin

REPORT｜エテリ・トゥトベリーゼの「チャンピオンズ・オン・アイス」

アンナ・シェルバコワ
© Alexandr Mysyakin

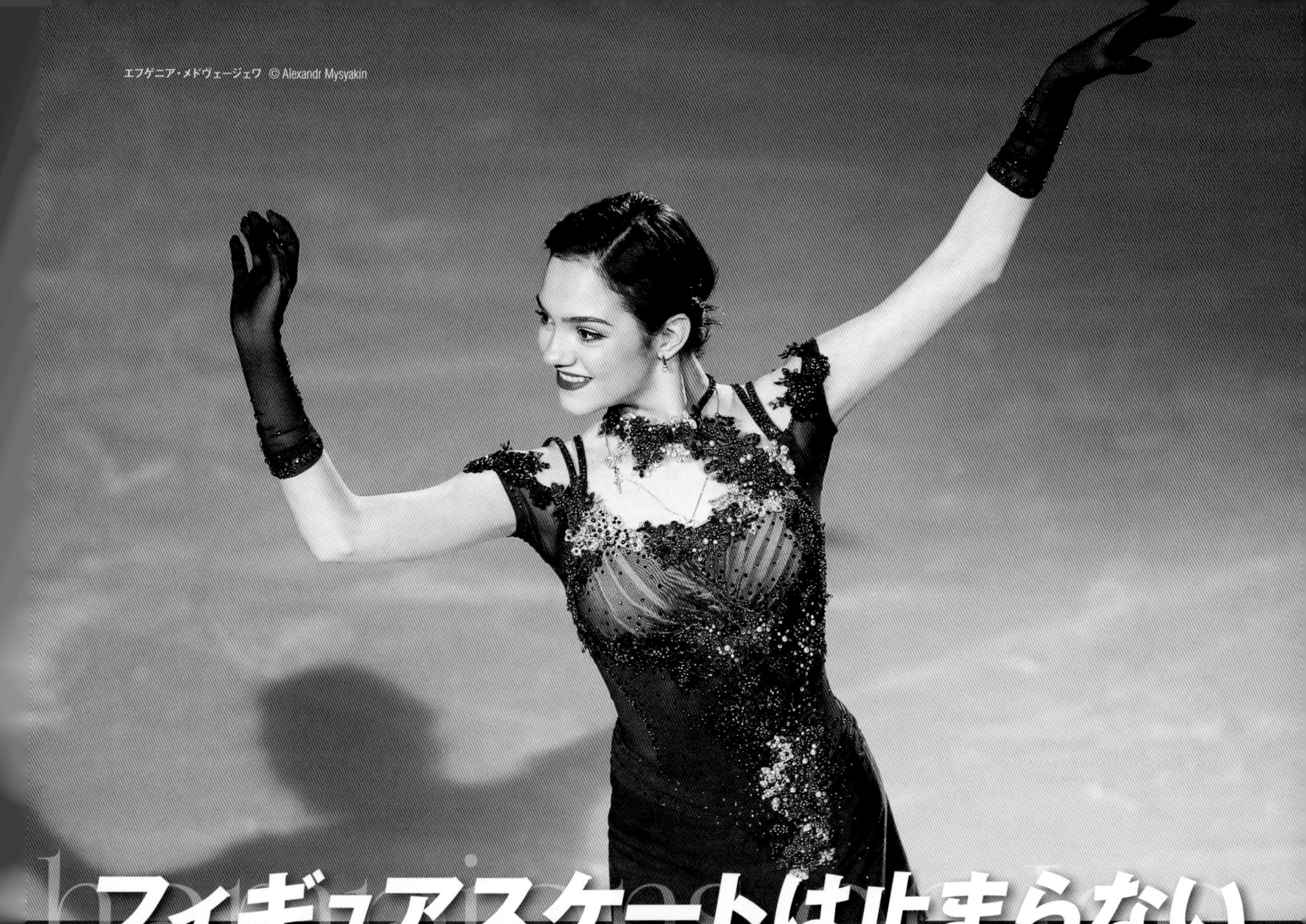

フィギュアスケートは止まらない

文：アンナ・ゴルディーワ
訳：宇都宮亜紀
Text by Anna Gordeeva
Translation by Aki Utsunomiya

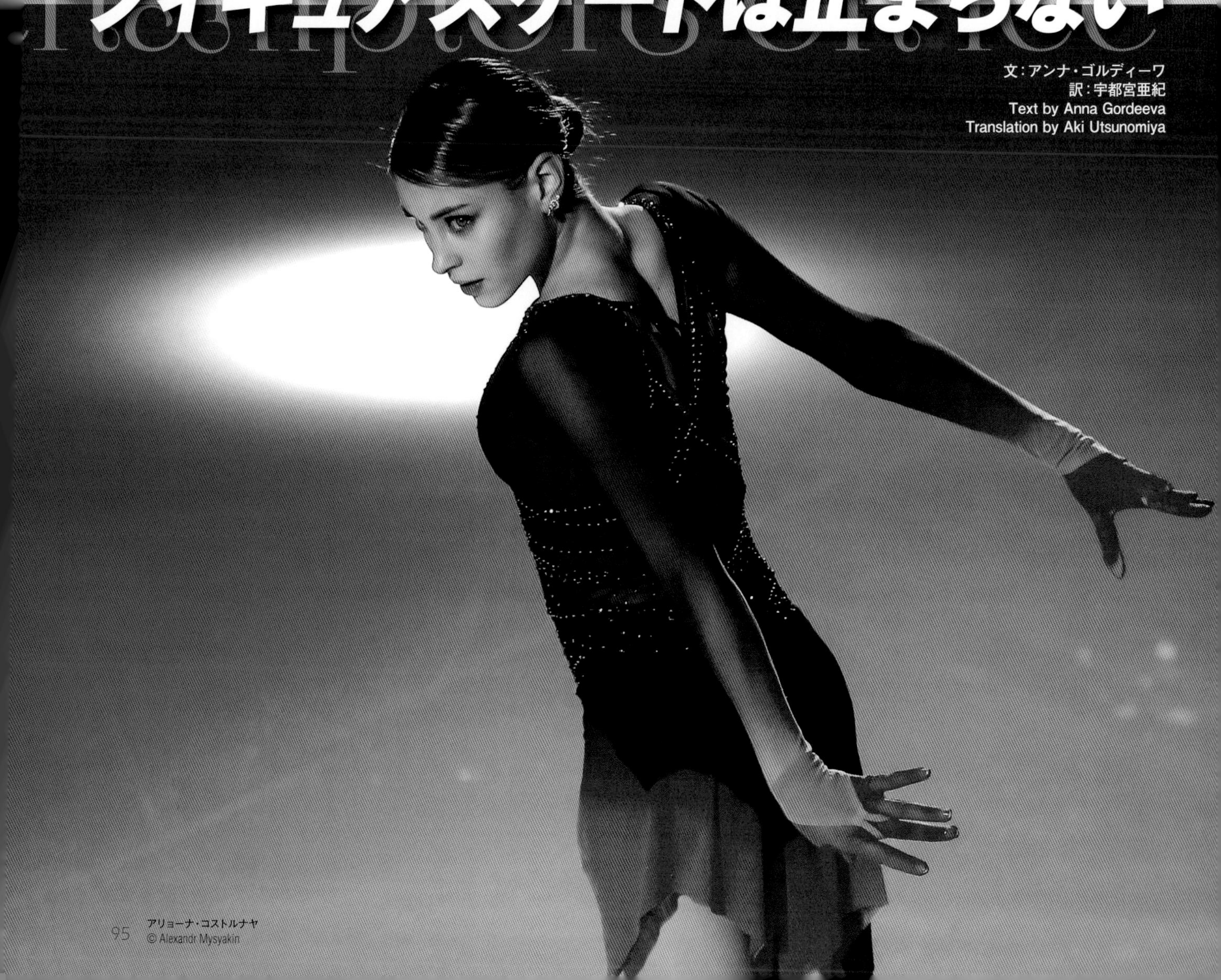

エテリ・トゥトベリーゼの生徒を中心に、ロシアのスケーターたちが出演　© Alexandr Mysyakin

　ロシアのフィギュアスケート界では、コーチを中心としたチーム同士がこれほどまで明け透けに対立することは久しくなかったと思う。現在、エテリ・トゥトベリーゼのチームとエフゲニー・プルシェンコのチームが激しく火花を散らしているのを、私たちは目の当たりにしている。もちろん、これまでもチーム同士の競争はあったし、ファンの間ではソ連時代からいろいろなコーチが互いに悪口を言っているというような噂が出回っていた。しかしいまのトゥトベリーゼ・チームとプルシェンコ・チームは、それぞれのコーチたちがテレビカメラに向かって互いを激しく批判している。しかも双方とも歯に衣を着せぬ物言いだ。プルシェンコ陣営は、トゥトベリーゼは暴虐的な性格で選手たちを苦しめていると言い、トゥトベリーゼ陣営は、プルシェンコの元に移籍した選手はもれなく試合成績が落ちていると主張する。文字通りのPR合戦で、片方からもう一方に選手が移籍するたびに舌戦が繰り返されている。最近では、プルシェンコのチームに移籍したアリョーナ・コストルナヤとアレクサンドラ・トゥルソワがトゥトベリーゼの元へ戻ったことが引

き金になった。今回ロシアの数都市で開催されたトゥトベリーゼ企画のショー"チャンピオンズ・オン・アイス"は、フィギュア界のスターたちが待ち望んでいたファンを喜ばせるためだけではなく、"スター生産者"としてのトゥトベリーゼの立場を証明するためでもあった。そしてその目論見は十分成功したと思う。彼女が育てている選手たちもゲストも、とても印象的なパフォーマンスを見せてくれた。

　トゥトベリーゼのショーは専用のプログラムを作らず、選手たちがこれまでに披露してきた、あるいは今後試合で披露する予定のプログラムで構成されている（試合本番のプログラムもあれば、エキシビション・ナンバーもある）。唯一このショーのために作られたのは序曲となる部分で、チーム・トゥトベリーゼの振付師、ダニール・グレイヘンゴーズが登場し、薄暗いライトの中でじっとしている出演者たちのそばを滑り抜けながら、命じるようなジェスチャーで彼らを"生き返らせ"ていく。すると、出演者はそれぞれ、自身のプログラムの中から特徴的な動きをして見せる。この

シーンには"星たちへの点火"というタイトルが付けられていた。その後、（あまり有名でない選手から順に）選手が演技を披露していった。

　ショーの主役はもちろん、アリーナ・ザギトワ、エフゲニア・メドヴェージェワ、アリョーナ・コストルナヤだ。1年半前に現役活動の休止を宣言した2018年平昌五輪金メダリストのザギトワは、今でもロシアの観客から愛されている。彼女が氷上に登場するのをファンは特別な緊張感で見守っていた。かつてジャパンオープンで披露した有名なプログラム「クレオパトラ」を滑ったザギトワだが、ツアー最初の都市であるカザンではなかなか苦労し、転んでしまう場面もあった。しかしモスクワ公演では少しだけ簡単な内容に変更して十分な演技を見せた（ルッツジャンプがパンクしてしまったのは残念だったが、3フリップは完璧だった）。そして2回目は新プログラム「インナーライト」で登場。ザ・シネマティック・オーケストラの音楽にグレイヘンゴーズが振付けた作品だ。ファンは完璧に跳んだ2つのトリプル・ジャンプに歓声を上げ、ラストで暗闇の中、彼女の衣装に仕込まれ

Eteri Tutberidze

た"内なる光"を象徴するライトが点灯
すると、会場全体が拍手喝采を送った。
　昨秋ブライアン・オーサーのチーム
からトゥトベリーゼの元へ戻ってきた
2018年平昌五輪銀メダリスト、世界
選手権2度制覇（2016年、2017年）
のエフゲニア・メドヴェージェワも、こ
の公演では2回登場した。60年代、
70年代の歌姫、アンナ・ゲルマンの歌
に振付けられたエキシビション・ナン
バーの「Echo of Love」を、非常に優
しい抑揚で演じ、多くの観客の目には
涙が浮かんでいた。抒情的な感情表現
もテクニックを少しも曇らせることなく、
サルコウとトゥループの連続ジャンプを
軽々と跳んでいた。平昌五輪で披露し
た「アンナ・カレーニナ」は、少し難易
度を下げていた。ジャンプをループと
サルコウだけに絞っていたが、表現力
では少しも見劣りしないパフォーマンス
だった。
　2020年のヨーロッパチャンピオン、
アリョーナ・コストルナヤは、彼女のた
めにグレイヘンゴーズがビリー・アイ
リッシュの歌に振付けた最後のプログ
ラム「Lovely」を、プルシェンコの元へ
移籍するときに強い口調で酷評してい

アリーナ・ザギトワ　© Alexandr Mysyakin

たが、このショーではあえてこのプログ
ラムを情熱を込めて滑り、これまでと変
わらずハイレベルなテクニックを披露
した。彼女は現在、トゥトベリーゼの
元で"お試し期間"として練習しており、
非常に気をつけて行動しているようだ。
　こうしたマスコミがざわつく話題の
選手たちの中にあっても、埋もれること
なくしっかりとその存在感を示したのが、
新世界女王のアンナ・シェルバコワだ
（控えめな性格から、これまであまりマ
スメディアの話題にはならなかった）。
ジュール・マスネの音楽に乗せたプロ
グラムで登場した彼女の演技は、正確
で表現に富んだスケーティングのお手

エフゲニア・メドヴェージェワ　© Alexandr Mysyakin

champions on Ice

カミラ・ワリエワ© Alexandr Mysyakin

エフゲニア・タラソワ＆ウラジーミル・モロゾフ© Alexandr Mysyakin

ヴァイオリン演奏も披露したエリザベット・トゥルシンバエワ© Alexandr Mysyakin

本のようだった。

　このトゥトベリーゼの"ビッグ4"の演技の他にも、素晴らしいパフォーマンスがたくさんあった。ロシアのジュニアチャンピオン、13歳のソフィア・アカチエワは、ショートプログラムで突然4回転ジャンプを跳び、あっという間に会場を虜にした。憧れの選手としてアカチエワが名前を挙げたのはアンナ・シェルバコワ。彼女と同じように、アカチエワもまた、メディアへのアピールよりもスケーティングで名を馳せたいと思っている1人だ。2018年世界選手権とヨーロッパ選手権で2度の銅メダル、そして最近行われたロシア選手権で優勝したミハイル・コリヤダは、ルド

ルフ・ヌレエフに捧げたプログラムで登場。映画「ホワイト・クロウ」の音楽にイリヤ・アヴェルブフが振付けた作品だ。コリヤダは偉大なダンサーの上品な身のこなしに焦点を当て、戦うヌレエフではなく、すでにバレエ界を支配する存在として描きだした。2019年のさいたま世界選手権銀メダリストのエリザベート・トゥルシンバエワは、文字通りショーの前日に完成したエキシビジョン用の新しいナンバーを披露した。彼女は初めヴァイオリンを弾いていて（吹

き替えではなく生演奏）、その後短いソロを滑って、もう1度ヴァイオリンへと戻っていく。トゥルシンバエワは音楽専門学校を卒業しており、演奏の腕前はスケートと同じくプロ級だ。

　アメリカのイーゴリ・シュピルバンドのもとでトレーニングをしているアイスダンスのジュニアペア、ダイアナ・デイヴィス＆グレブ・スモルキンに、ロシ

Eteri Tutberidze

モリス・クヴィテラシヴィリ © Alexandr Mysyakin

カミラ・ワリエワとモリス・クヴィテラシヴィリ © Alexandr Mysyakin

エテリ・トゥトベリーゼの娘ダイアナ・デイヴィスとグレブ・スモルキン © Alexandr Mysyakin

アの観客たちは特に興味を持っていた。というのも、ダイアナはトゥトベリーゼの娘だからであり、その親子関係が果たしてキャリアにいい影響を与えるのかどうか、皆が知りたいと思っていたからだ。18歳のダイアナと20歳のグレブは、元気いっぱいのダンス「Everybody Wants to Be a Cat」を披露。明るさいっぱいの演技は、屋内のスタジアムに突如太陽が現れたような感じだった。昨年ヨーロッパ選手権で3位になったモリス・クヴィテラシヴィリ（おもに女子選手を指導しているトゥトベリーゼのチームの中で唯一のシニア男子選手）は、イスラム神話の青い魔神のイメージで、顔まで塗料を塗っていて観客を驚かせ、笑いを誘う印象的なダンスで喜ばせた。今年の世界チャンピオン、アナスタシア・ミーシナ＆アレクサンドル・ガリャモフは、映画「ゴースト」の音楽で、死でさえ障害にならないラブストーリーを熱演した。録音の音源には音楽だけでなく、交通事故と救急車のサイレンの音も入っていた。ヒロインの死が決定的になった後も、悲しい事故の前と同じくらいの優しさでデュエットが続いていた。

　その他の出演者も会場を楽しませてくれた。ヨーロッパ選手権を2回制覇しているエフゲニア・タラソワ＆ウラジーミル・モロゾフ、ジュニアのロシアチャンピオン、ダニール・サムソノフ、ロシアチャンピオンおよびヨーロッパ選手権（2019年）銀メダリストのアレクサンドラ・ステパノワ＆イワン・ブキン、ヨーロッパ選手権（2020年）優勝のアレクサンドラ・ボイコワ＆ドミトリー・コズロフスキー、ジュニア世界チャンピオン（2020年）のカミラ・ワリエワ、アイスダンス世界チャンピオンのヴィクトリア・シニツィナ＆ニキータ・カツァラポフらが演技を披露。このショー全体が、いかに周りの状況が大変でもフィギュアスケートを止めることはできないという賛歌であり、チーム・トゥトベリーゼの聖歌でもある。トゥトベリーゼは"Team Tutberidze"という名称を商標登録している。

Champions on Ice

© Shoko Matsuhashi

猪狩蒼弥

"楽しい"の先に価値を生み出す

多くの才能を抱えるジャニーズJr.のなかで、5人組グループHiHi Jetsとして活動する猪狩蒼弥。彼らは歌やダンス、芝居に加えて、ローラースケートのパフォーマンスで観客を熱狂させる。なかでも猪狩は幼少のころからローラースケートに親しみ、いまではスケートパフォーマンスの振付や構成・演出を任されている。18歳の若きエンターテイナーが見つめるスケートとエンターテインメントとは──？

── 猪狩さんはステージでローラースケートを披露されていますが、フィギュアスケートはどんなふうにご覧になっていますか。

猪狩　もともとジャニーさんが、フィギュアスケートが好きなので一緒に見てましたね。ぼくがローラーをやっているので、そこから着想を得なさいと、ジャニーさんに呼ばれて2人で大会を見ていました。

── とくに印象に残っているのは？

猪狩　ジャニーさんも羽生結弦選手にすごく注目していて、羽生選手の演技だけはどんなときでも見ていました。ぼくは正直、上手い

下手や何をもっての点数なのかとか専門的な見方はわからないんですけど、ジャニーさんと見ているときは、ローラースケートに繋がる何かがないかなと探しながら見ていました。ぼくらと違うなと思ったのは、ぼくらはエンタメとしてやっている部分が大きいんですけど、フィギュアスケートは芸術、アートだなということ。1人で見ているときは、美術館に行ったときに似てますよね。芸を浴びる感じ。完成された作品を見て感動を味わう、人生を豊かにするものなのかなと思います。フィギュアは俯瞰で見るものという印象も受けたので、細かいことよりももっと大きい枠で取り入れたほうがいいんだなと思いました。フィギュアから着想を得た技をやろうと試行錯誤もしたんですけど、靴の重さや加速の仕方も違うし、重いステージ衣装も着てるので、無理だなって。(笑)フィギュアっぽい動きができなくて意気消沈したこともありました。

── スケートがエンタメとして面白い、魅力的な部分はどんなところだと感じますか。

猪狩　ローラースケートでいえば、もともと娯楽だからとにかく楽しそうということ。しかもやってるほうも楽しい。それがいちばんの魅力ですね。舞台になればそこに見るだけの価値を付与するのは義務でもあるから、もちろんかっこよさとか美しさを求めてはいるんですけど、基本は"楽しい"。ぼくらHiHi Jetsはけっこうローラーをポップに捉えていて、とにかく楽しんでいます。大切にしている部分ではあるけど、数ある武器のうちの1つという捉え方です。

── 入口としてはより気軽にスケートパフォーマンスを楽しんでほしい、と。

猪狩　知らない人が見て「移動がラクそうだな」「楽しそうだな」とか、そういう捉え方でいいと思うんです。どんな難しい技をしても、足さばきだけを楽しんでほしいわけじゃなくて。もちろんそれも

楽しんでもらいたいんですけど、そんなのおれにもできるよって履いてもらうとか、そのくらいでいいのかなと。ぼくもジャニーさんの影響でジーン・ケリーのローラースケートを見ているんですけど、結局何がいいのかなと思ったら、おしゃれに見えるし、なんか楽しそうだなって。ある種のファッションじゃないですけど、自分を彩る要素になり得るものだと思うので。だから"楽しい"がいちばんに出てくるんじゃないかなと思います。

── そもそもローラースケートはどういったきっかけで始められたんですか？

猪狩　ローラーゲームというローラースケートの格闘技みたいなものがあって、父親の叔母がけっこう有名な選手だったらしいんです。その影響で父親がローラースケートを始めて、その影響でぼくが始めた感じです。(笑)当時は小学生で中学受験のために勉強をがんばっていて、その息抜きでローラースケートを始めたんです。それがいつの間にかジャニーズJr.になっていました。

── ジャニーズにもローラースケートがきっかけで？

猪狩　ジャニーさんが当時、ローラースケートができる子を探していたらしくて、たまたまローラースケート場にいたら、「ローラースケートできるならこの舞台出ない？」と声をかけられて。小学校5年生で入ることになりました。

── 息抜きのつもりでやっていたことがエンターテインメントになるとわかったときは、どんなふうに感じましたか。

猪狩　入所したときはべつにジャニーズやショーエンターテインメントに対してそこまでの熱もなく、勉強の合間にステージに出てた感じでした。中学1年生のときにいまのHiHi

© Shoko Matsuhashi

Jetsの元になるグループHiHi Jetを組むことになって、グループ名のJetは"ジャニーズ・エンターテインメント・チーム"の頭文字だとジャニーさんに言われて、そこでエンターテインメントを意識したのが最初ですね。そのあと、高1の春くらいにいまの体制になったタイミングで、初めてぼくがローラースケートで振付をしたんです。それをステージでやったときは、やっぱり全然景色が違いました。それまでももちろんプロ意識を持ってやっていたけど、自分たちがいいと思ったものを、自分たちが作って、自分たちの熱意で届けるというのが、ぼくにとってはすごくデカかったですね。

―― 振付や構成の部分を任されることにプレッシャーを感じることはないですか。

猪狩 ゼロではないですけど、任されるというのは、ぼくらが作るものに信頼を置いてもらっているということだから、むしろチャンス。ローラースケートを履いたときだけ、ぼくらはちょっと独立的になるんですよ。ステージのリハや場当たりでも、自分たちでマイクを持って「ここはこうして」とか、全部任せてもらえる時間があるんです。プレッシャーよりも「おれ、いま作れてる」みたいな。ぼくはそのクリエイティブな部分に喜びを見出す人間なので、すごく楽しくなりますね。

―― ところで、ローラースケートのシューズはオーダーメイドで作るんでしょうか?

猪狩 これはオーダーメイドですね。サイズや劣化の問題でシューズを買い変えようって話をしていたら、オーダーメイドで作ろうってなって、それで職人の方に連絡をとったら、いいよと言っていただけて。本当に愛情の詰まった靴なんです。周りの方々の協力のもと、できた靴ですね。

―― 最後に、ご自身がステージに立つうえで大切にしていることを教えてください。

猪狩 ぼくたちが作ったものに対して人が価値を感じて、それに対してチケット代を払ってもらうということが大切だとぼくは思っています。作り出す空間や作品に価値を作れるように芸の部分を磨かなきゃだめだなと。ぼくたちが提供しているのは、ぼくたち自身であると同時に、やっぱり娯楽なので、人がいいなと思えるようなものを作りたいというのをすごく大事にしています。

2002年9月20日、東京生まれ。2013年にジャニーズ事務所に入所し、2018年からはHiHi Jetsとして活動。コンサートや舞台、ドラマ出演など幅広く活躍し、現在はレギュラー番組「裸の少年〜バトるHiHi少年〜」(テレビ朝日)、公式YouTube「ジャニーズJr.チャンネル」(毎週日曜更新)に出演中。

スタイリスト:岩田壮太 (Iwata Sota) ワンダーヴィレッジ、ヘア&メイク:いたつ

宇野昌磨、
オンラインイベントでファンと交流

5月30日、宇野昌磨が地元愛知で、自身も愛用する磁気健康ギア・コラントッテの新作発売を記念したオンラインイベントに登場した。新作ネックレスのヘッドは、コロナ禍で戦う医療従事者への感謝がこめられたブルーに。宇野も「このような大変な状況なので、ぼくのできる限りの力を尽くし、少しでもみなさんの力になれたら」と思いを語った。トークコーナーでは、スケートについても真剣に話し、「これからのぼくのスケート人生を楽しんで見てもらえるような、ワクワクしてもらえる選手でいたい」と宇野。プライベートの話題では、愛犬たちに骨抜きにされているようで「可愛くてしゃべりかけちゃいます」と頬を緩め、大好きなゲームの質問には前のめりで答えるなど、画面越しにもファンとのコミュニケーションを楽しんだようだった。

イベント後の囲み取材では、オリンピックシーズンのフリーがステファン・ランビエルコーチ振付の「ボ

レロ」に決まったことを改めて報告。「いままでとは違った印象を与えられると思うので、1シーズンを通して代名詞になるぐらいのものにしていきたい」と意気込んだ。

「自分のことをしゃべるのは好き」と、終始笑顔でトークする宇野昌磨　Photos © World Figure Skating/Shinshokan

アリーナ・ザギトワが出演作
「ハチとパルマの物語」で舞台挨拶

マサルのぬいぐるみを手に笑顔を見せるザギトワ　© World Figure Skating/Shinshokan

平昌オリンピック女子金メダリストのアリーナ・ザギトワが5月23日、秋田県大館市で、日露共同製作映画「ハチとパルマの物語」の特別先行上映会の舞台あいさつに登壇した。

旧ソ連時代、モスクワの空港で飼い主を2年間待ち続けた"忠犬パルマ"の実話をもとに、孤独な少年コーリャとの交流を描く作品。ザギトワは愛犬マサルとともに本人役で出演している。

映画公開のタイミングで来日したザギトワが、まず「私はアリーナ・ザ

ギトワです。元気ですか?」と日本語であいさつすると、会場となったほくしか鹿鳴ホールの観客から温かい拍手がわき起こった。ザギトワは「それぞれの方が自分にとって何か大事なことを、この映画のなかに見つけることができると思います。いずれにしても、愛と友情によって、私たちは様々なことが可能になります」とコメントした。なお、ザギトワは来日中に日本とロシアの文化交流の一環として、フィギュアスケートのプログラムを撮影、後日配信される予定。

「ハチとパルマの物語」
出演:レオニド・バーソフ、アレクサンドル・ドモガロフ、渡辺裕之、藤田朋子、壇蜜
5月28日(金)ヒューマントラストシネマ渋谷ほか全国順次公開
配給:東京テアトル／平成プロジェクト

©2021 パルマと秋田犬製作委員会

5月28日(金)全国ロードショ

舞台挨拶には、福原淳嗣大館市長や出演者のアナスタシアちゃん(写真左)も登壇 © World Figure Skating/Shinshokan

WORLD
FIGURESKATING ワールド・フィギュアスケート

ワールド・フィギュアスケート別冊
アイスショーの世界7
氷上のアート&エンターテインメント

2021年7月10日発行
発行所：株式会社 新書館
編集：〒113-0024
東京都文京区西片2-19-18
TEL 03-3811-2851
FAX 03-3811-2501
営業：〒174-0043
東京都板橋区坂下1-22-14
TEL 03-5970-3840
FAX 03-5970-3847
表紙・本文レイアウト：
SDR（新書館デザイン室）
協力：CIC／ジャパンスポーツ
ブルーミューズ／IMG／TBS
ヒーローズマネジメント
ユニバーサルスポーツマーケティング
（株）CS日本／日本スケート連盟

印刷・製本：株式会社 加藤文明社
©2021 SHINSHOKAN
Printed in Japan

World Figure Skating
Shinshokan Co., Ltd
2-19-18, Nishikata, Bunkyo-ku,
Tokyo 113-0024 Japan
https://www.shinshokan.co.jp

ワールド・フィギュアスケート編集部の
Twitter はこちら➡ @WFS_JP
https://twitter.com/WFS_JP

羽生結弦（スターズ・オン・アイス ジャパンツアー2021 八戸公演）©Kiyoshi Sakamoto

FIGURE SKATING

ISBN978-4-403-31143-7
C0075 ¥1800E
定価1980円
（本体1800円＋税10%）

9784403311437

1920075018009

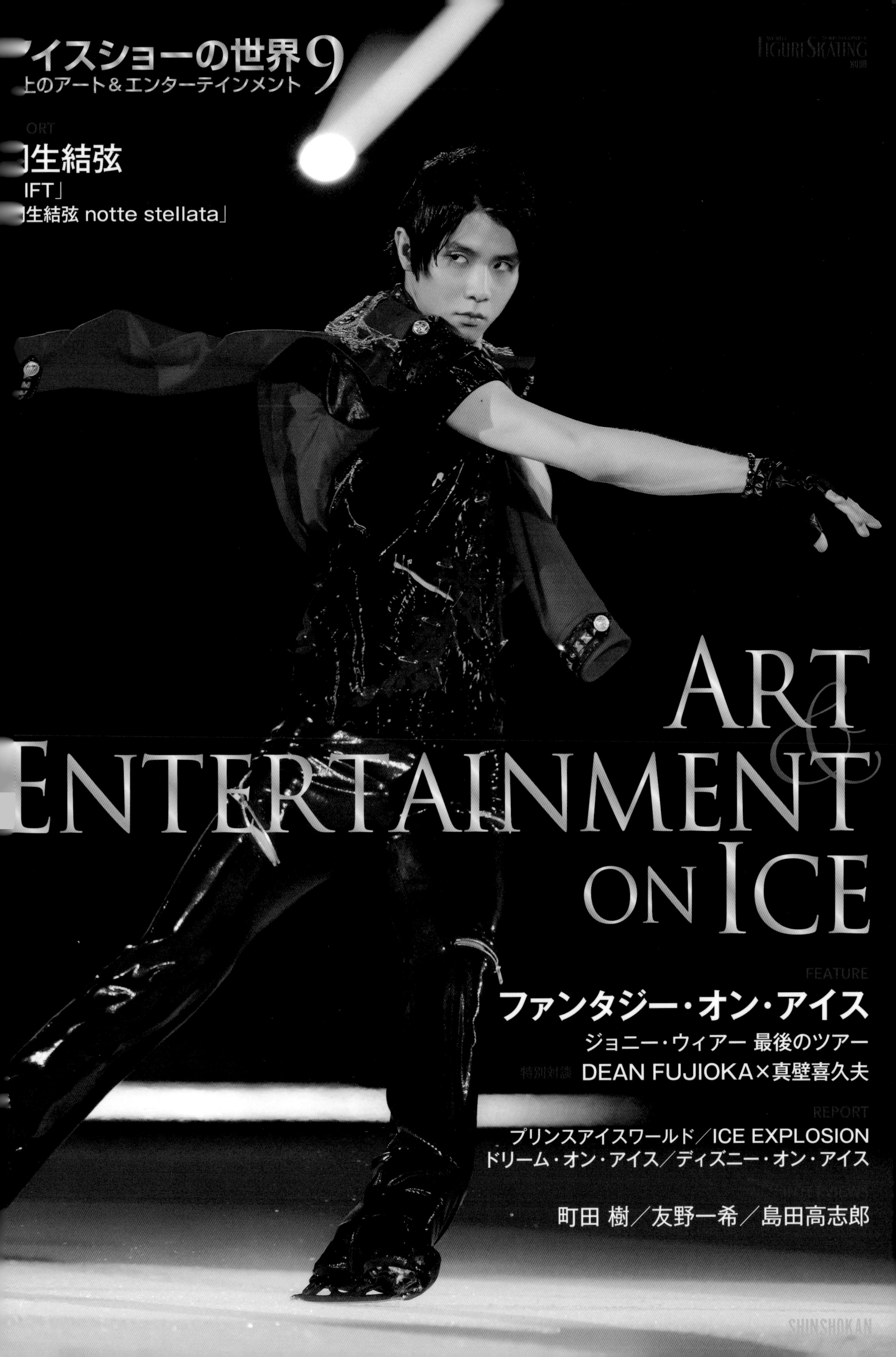

WORLD FIGURE SKATING 別冊

アイスショーの世界9
上のアート＆エンターテインメント

ORT

]生結弦
「IFT」
「]生結弦 notte stellata」

ART
& ENTERTAINMENT
ON ICE

FEATURE

ファンタジー・オン・アイス

ジョニー・ウィアー 最後のツアー

特別対談 DEAN FUJIOKA×真壁喜久夫

REPORT

プリンスアイスワールド／ICE EXPLOSION
ドリーム・オン・アイス／ディズニー・オン・アイス

町田 樹／友野一希／島田高志郎

SHINSHOKAN